澳大利亚
农业投资法律指南

中国农业国际交流协会
走出去智库（CGGT）　编著

中国农业出版社

图书在版编目（CIP）数据

澳大利亚农业投资法律指南／中国农业国际交流协
会，走出去智库（CGGT）编著．—北京：中国农业出版社，
2016.12
　　ISBN 978-7-109-22610-4

Ⅰ．①澳…　Ⅱ．①中…　②走…　Ⅲ．①农业投资－法
律－澳大利亚－指南　Ⅳ．①D961.124

中国版本图书馆 CIP 数据核字（2017）第 008030 号

中国农业出版社出版
（北京市朝阳区麦子店街 18 号楼）
（邮政编码 100125）
责任编辑　贾　彬

北京中兴印刷有限公司印刷　新华书店北京发行所发行
2016 年 12 月第 1 版　　2016 年 12 月北京第 1 次印刷

开本：700mm×1000mm　1/16　印张：11.75
字数：210 千字
定价：45.00 元
（凡本版图书出现印刷、装订错误，请向出版社发行部调换）

前　言

农业合作是中国—澳大利亚合作的重要组成部分，近年来，在双方的共同努力下，中国、澳大利亚两国农业合作取得积极成效。不仅在农产品贸易方面快速发展，在农业投资领域也快速迈进，双方在农作物种植、食品加工、肉牛屠宰加工、葡萄酒酿造等领域互有投资。

目前，随着中国—澳大利亚自贸协定的签署实施和"一带一路"战略的提出和实践，经济要素有序自由流动、资源高效配置和市场深度融合得以促进，将在更大范围、更高水平、更深层次推进双边合作。

中国—澳大利亚自贸区协定是我国与发达国家迄今已商签的贸易投资自由化整体水平最高的合作协定之一，该协定对我国农业企业特别是在遵守东道国法律及本地化运营等方面提出了更高要求。

中国对澳大利亚农业投资的机遇与风险并存。对东道国相关法律法规的学习已成为中国企业赴澳投资的必修课。鉴此，我协会与走出去智库联合编著的《澳大利亚农业投资法律指南》一书，旨在为中国企业赴澳大利亚投资农业产业提供战略决策参考，规避风险，把握机遇。

作为一本法律方面的实用工具书，本书体现了专业性和全面性，来自澳大利亚专业法律机构的权威解读涵盖了外国投资审批、农业细分行业法律、农业收购、劳动雇佣、金融外汇税收保险、知识产权、环境保护、竞争/反垄断等各个领域；作为一本农业投资参考书，本书在宏观上从农业投资者的角度分析了澳大利亚农业发展情况，并针对重点产业和产品进行了市场分析和研判，对典型投资案例进行了深刻分析。本书既是法律指南，也是农业投资宝典，希望对广大中国投资者、农业对外合作工作者有所借鉴。

中国农业国际交流协会　副会长兼秘书长

农业部国际交流中心　主任

童玉娥

2016 年 11 月

目　　录

第一章　澳大利亚农业投资概览

——写给中国企业 CEO 的话

2014 年 11 月，20 多位中国企业家前往澳大利亚考察，农业界别企业家有汇源果汁董事长朱新礼、蒙牛集团创始人牛根生。朱新礼说："澳大利亚的牛羊是散养，土地便宜得不可想象。"

根据澳大利亚外商投资审核委员会（Foreign Investment Review Board，FIRB）公布的最新数据，2012—2014 年，中国资本赴澳投资数额分别为 235 亿澳元、269 亿澳元和 423 亿澳元。

上述数据表明，2014 年，中国资本对澳投资总额几乎是 2012 年的两倍，俨然有"井喷"效应。

另据 FIRB 公布的统计数据，2014 年以来，中国向澳大利亚农业领域投入 6.32 亿澳元（约合 4.5 亿美元），金额几乎相当于上年的两倍。

过去多年来，中国对澳大利亚的投资主要集中在矿业，农业方面的投资非常少，还处在初级阶段。以土地为例，公众一般认为中国投资者购买了大量澳大利亚农场。但其实外国公司在澳大利亚拥有近 11.3％的土地，而中国公司可能仅仅拥有不到 1％[①]。

1.1　澳大利亚农业的投资魅力

最近几年，中国和澳大利亚在以下方面有共同的利益交集：提高农业竞争力、加快转变农业发展方式、保障农业持续稳定发展、确保粮食安全等方面。

总结来看，澳大利亚农业对中国的投资具有极强的吸引力，主要因为以下三个方面：

一是中国是澳大利亚最大的农产品出口目的地，对中国的出口占澳大利亚农产品总出口的约 1/5。

2013—2014 财年，澳输华农产品约占澳全部农产品出口额的 22％，远高于澳其他出口市场。输华主要农产品有羊毛、小麦、牛肉、羊肉、乳制品、大麦、棉花、葡萄酒等。

---

① 马朝旭主编，《赴澳大利亚投资指南》. 第 1 版. 北京. 中国商务出版社 . 2014 年 7 月：271 页。

中国和澳大利亚农业市场的一个显著特点是互补性强,中国随着经济的飞速发展,居民消费品质升级,人们对无污染、无添加剂的绿色高品质的农产品有着强烈的需求,市场前景广阔。

同时中国也向澳出口海鲜类、加工食品类、园艺类等农副产品,双边农产品年贸易额已突破 100 亿澳元。通过优势互补,两国在谷物、棉花、葡萄酒等领域的投资和技术合作关系也在日益加深。

二是以自贸协定为标志,中澳农业合作面临新的机遇。

2014 年 11 月中旬,中国国家主席习近平成功访澳,双方宣布实质性结束自由贸易协定(FTA)谈判。2015 年 6 月中旬,中澳 FTA 成功签署。中澳 FTA 是一项高质量、高水平的协议,对两国农业而言更是具有里程碑的意义,必将进一步提升双边农业关系,为中澳农产品贸易发展和农业合作注入新的动力。

此外,在 2014 年习主席访澳期间,双方还签署了包括中澳企业间农业与食品安全百年合作计划谅解备忘录在内的多个农业领域的合作协议。

三是澳大利亚致力于农业发展和北部大开发,恰好与我国提出的农业"走出去"和"一带一路"战略遥相呼应,形成对接之势。2015 年 6 月下旬,澳政府发布《北部开发白皮书》,推动实施澳北部大开发战略。

澳北部有着广袤土地和丰富水资源,中澳两国在这一地区开展农业投资和技术合作有着巨大潜力。

2014 年 7 月上旬,澳政府发布《农业竞争力白皮书》,旨在推动澳农业发展,充分利用以中国为核心的亚洲繁荣所带来的市场机遇。

澳大利亚具有前景诱人的农业投资机会,有成熟的技术,有得天独厚的自然资源;中国是一个人口大国,存在巨大的农产品消费需求市场。

澳大利亚是主要的粮食生产国和活畜饲养国,澳大利亚目前生产的食物足以满足 6 000 万人口的需要,但澳大利亚全国总人口尚不足 2 400 万,这决定了澳大利亚有强烈的农产品出口需求。

而受制于人口和经济规模和资金缺乏,澳大利亚要进一步发展农业也需要外国投资。而中国目前正处于资金过剩阶段,国内的农业投资领域由于土地政策以及人口众多,小块经营,农业投资空间不大。

这时候澳大利亚农业就和中国的投资结合起来,预期将产生"核聚变"效应。

1.2 跨境投资需要专业知识保驾护航

一组针对中国企业"走出去"的调查数据显示,在中国企业走出去的过程中,所面临的关键外部挑战中选择最多的是对当地法律、法规缺乏了解

（50.9%）；其次是当地政治风险（47.4%）和当地市场环境欠佳（33.3%）；资金获取困难占比较小仅7%。

前景很美好，但是现实很骨感，中国投资澳大利亚农业亦会遇到很多困难。

农业是传统的产业，涉及土地、粮食安全、环境安全等问题。在所有国家农业投资都是政治敏感议题，处理不好不仅仅是投资亏损的问题，可能还会引发政治社会问题。

中国企业在澳大利亚前期投资，已经引起个别人的"窃窃私语"，这里当然主要是澳大利亚部分不明真相人士的误解，但是也与个别中国企业不了解澳大利亚政治、法律、传媒和投资政策有一定关系，前期中国企业投资澳大利亚积累了丰富宝贵的经验，也有沉痛的教训。

就本报告而言，主要亮点在于提供了以下专业信息：

- 全面细致的法律服务信息。本报告一共使用三个章节（第五、六、七章）近50%的总报告内容详细阐述在澳投资，外国投资者将面临的法律监管环境。特别是第七章，本报告针对四个细分农业领域：作物种子业务、植物品种权（PVR）、转基因作物、动物进口和基因专利的立法及监管要求，进行了详细的描述。

- 典型投资案例分析。本报告择取了四个中国赴澳大利亚投资案例进行分析，有成功经验的总结，也有失败经验的剖析。本报告特别选取了一个非农业案例——天齐锂业收购澳大利亚锂矿，因为这是一个借力资本市场成功实现蛇吞象式收购的案例。这个案例可以为中国农业提供有益的思路启发。

- 数据引用新，信息覆盖面广。本报告在编制过程中，致力于信息的实用性，全面性。不仅收录2015年9月中旬的最新签证信息，国际评级结构对澳大利亚经商环境的评价，而且对澳大利亚农业各主要子行业、重点州的情况都做了全面的描述。

正是基于前期中国企业在澳大利亚投资的经验和教训，走出去智库（CCGT）结合中国企业的自身特点，正在本报告中有针对性地对澳大利亚在法律实务、政治、经济、农业产业发展、文化风俗以及传媒舆论等方面的新情况和新特点进行分析和总结，旨在为有意向或者已经初步开始对澳大利亚进行农业投资的企业家们提供参考和指导。

附：澳大利亚基本国情

总面积：	7 692 024 平方千米
人口：	总人口 2 349 万人
性别比例：	1.01 男性/女性
	15 周岁以下 19%
	65 周岁以上 15%
	（来源：world bank 官方网站数据库，2014）
族群：	英国及爱尔兰后裔（74%）、华裔（5%）
	土著（2%）、其他（19%）
官方语言：	英语
政治体制：	联邦制
主要政党：	澳大利亚工党（ALP）
	自由党（LP）
	国家党（NP）
法律体系：	英美法系
首都：	堪培拉
货币：	澳大利亚元（AUD）
宗教：	基督教 63.9%
	伊斯兰教 1.7%
	佛教 1%
行政区：	澳大利亚联邦由 6 个州和 2 个领地组成
	新南威尔士州（New South Wales）
	昆士兰州（Queensland-Qld）
	南澳大利亚州（South Australia-SA）
	西澳大利亚州（Western Australia-WA）
	塔斯马尼亚州（Tasmania-Tas.）
	北部领地（Northern Territory-NT）
	首都领地（Australian Capital Territory-ACT）
自然资源：	矿产、石油、天然气、林木、海洋
	其中已探明的有经济开采价值的矿产和能源：铝矾土约 53 亿吨，铁矿砂 146 亿吨，黑煤 403 亿吨，褐煤 300 亿吨，铅 2 290 万吨，镍 2 260 万吨，银 4.14 万吨，钽 40 835 吨，锌 4 100 万吨，黄金 5 570 吨，原油储量 2 270 亿升，天然气储量 2.2 万亿立方米

（来源：中国商务部《对外投资合作国别指南—澳大利亚
2014 年版》）

产业结构：	农业	3.7%
	工业	28.9%
	服务业	67.4%
主要工业行业：	制造业	
	建筑业	
	矿业	

（来源：澳大利亚政府官方网站）

全球竞争力排名：　第 22 名，比 2014 年排名（第 21 名）下降一位

（来源：世界经济论坛《The Global Competitiveness Report 2014—2015》）

主要宏观经济指标：

GDP（国内生产总值）	1 453.77 亿美元
GDP 增长率	2%
工业增加值（占 GDP 的百分比）	27%
外国直接投资净流入	516.86 亿美元
人均国民总收入（GNI）	64 680 美元
互联网用户（每 100 人）	85
军费支出（占 GDP 的百分比）	2%

（来源：world bank 官方网站数据库，2014）

法定节假日：

新年	1 月 1 日
新年次日公众假	1 月 2 日
澳大利亚建国日（首都领地、北领地、新南威尔士州）	
	1 月 26 日
澳大利亚建国日（昆士兰州、西澳、南澳、维多利亚，塔斯曼尼亚）	
	1 月 30 日
耶稣受难日	4 月 8 日
复活节	4 月 9 日
复活节星期一	4 月 10 日
澳新军团日	4 月 25 日
劳动节（昆士兰，南澳）	5 月 6 日
劳动节（首都领地，北领地，新南威尔士州）	
	10 月
女王生日	6 月 10 日
家庭与社区日	10 月 8 日

圣诞节   12 月 25 日

圣诞节次日   12 月 26 日

（来源：中国商务部《对外投资合作国别指南—澳大利亚 2014 年版》）

第二章 澳大利亚农业概览和 市场预测

过去 10 年来，由于极端天气和投资不足，澳大利亚农业发展缓慢，其产出受到较大抑制，目前尚处在恢复期。2015 年以来，主要由于亚洲的进口需求增加，谷物和含油种子价格开始上涨，澳大利亚农业发展势头向好。从长期来看，糖和牲畜出口机会大增。

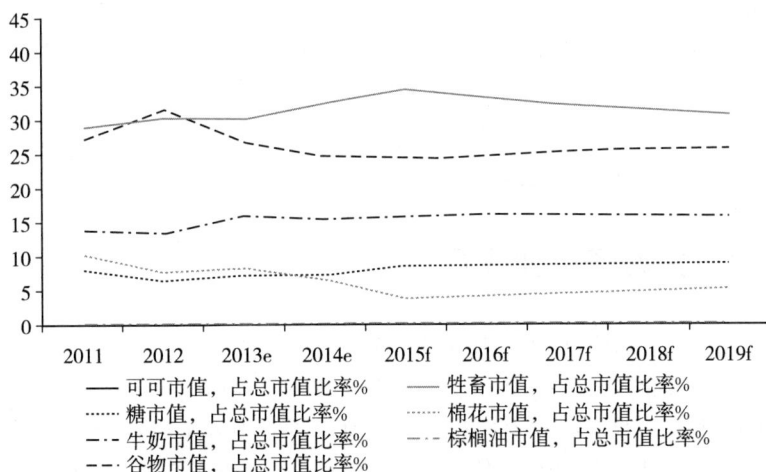

澳大利亚农产品市场价值——商品（2011—2019）

e/f＝BMI 估计/预测。来源：联合国粮农组织，BMI

但是，澳大利亚农业在国际市场上也有一些强有力的竞争者。例如在蔗糖业方面，澳大利亚将面临来自泰国的强有力竞争；肉类则面临美国和巴西的竞争。尽管如此，该国依旧能在糖业、肉类行业保持强有力的地位。除了日益激烈的竞争，澳大利亚农业面临的挑战还包括生产成本较高、易受极端天气影响等。

2.1 澳大利亚重点农产品市场预测①

• 到 2019 年牛肉消费增长 2.7％，达到 817 000 吨。由于消费者健康

---

① 预测数据来源：BMI research（Business Monitor International）。

意识加强，人均消费量将减少，所以人口增长是需求增长的主要原因。

- 到 2018/2019 年度的糖产量增长 14.0%，达到 500 万吨。产业合并催生规模经济，并将刺激产量。亚洲对澳大利亚糖类的需求将逐渐成为未来推动糖产量增长的因素。
- 到 2018/2019 小麦产量增长 9.2%，达到 2 370 万吨。澳大利亚 2013/2014 年产量很好，产量增长率低是由于基础水平较高。由于农田面积和产量的限制，未来绝对产量增长缓慢。
- 2015 年农业企业整体市场价值：345 亿美元，较 2014 年 364 亿美元有所下降。2015—2019 年平均增长率为 2.1%。
- 2015 年实际 GDP 增速 2.3%：较 2014 年 2.8% 有所下降。2015—2019 年平均增长率为 2.6%。
- 2015 年消费者价格指数平均为 2.1%，较 2014 年 2.4% 有所下降。2015—2019 年平均增长率为 2.5%。
- 2015 年中央银行政策利率平均 2.50%，与 2014 年持平。2015—2019 年预计平均利率为 2.65%。

2.2 农业关键子行业发展

2015 年 6 月，中国与澳大利亚正式签署了中澳自由贸易协定（FTA），也是中国与发达农业国签署的第一个高水平的自由贸易协定。

根据该协定，澳方所有农产品最终将对中方实现零关税；中方农产品最终实现零关税的税目占全部农产品税目数的 96.5%，零关税覆盖的贸易额占比约 70.0%。

这一协定将对澳大利亚农业企业和农业出口产生积极影响。中国作为澳大利亚农产品最大的出口国之一，随着关税降低，未来出口量还将提升。此外，自贸协定将确保中国对澳大利亚农产品的强劲需求，从而促进生产能力、新产品、技术等方面的投资。

就协议本身来说，农业是该双边协定的重要受益产业之一。奶业和牛肉产业收益最多，但是小麦、糖和大米没有涉及。依赖中国对加工食品需求上涨，未来澳大利亚将继续是中国最大的农业供应国之一。

奶业 2013/2014 年度[①]表现强劲，而 2014/2015 年度则大幅萎缩，因此拖

---

① 澳大利亚统计采用的财政年度，自 1999/2000 年开始，为当年 7 月 1 日到下年 6 月 30 日，之前为当年的 4 月 1 日到下年的 3 月底。

累了 2015/2016 年度投资和奶制品生产。虽然 2013 下半年至 2014 上半年国际谷物价格下跌，整个 2014 年维持低位，但天气原因致使 2014/2015 年度澳大利亚国内谷物产量下跌，导致澳大利亚饲料成本上升。澳元持续贬值仅能部分抵消奶制品低价对收入的影响。

经历了两年的强劲增长，2014/2015 年牛肉产量将有所下降，不过仍高于十年平均水平。2014 年天气状况好转，牲畜屠宰量降低。此外，对活牛需求，尤其是印尼市场的需求，保持强劲。澳大利亚与中国正考虑签订向华出口活牛协议。一旦签订，又将推动澳大利亚活牛出口。同时，牛肉出口也将增加，部分原因是 2014 年与日本、韩国、中国（三大牛肉进口国）签订了自由贸易协定。

CGGT（China Going Global Think-tank，走出去智库）认为，未来 10 年，澳大利亚的小麦出口全球市场份额将停滞不前。虽然产品质量高，占据运往亚洲的区位优势，该国谷物出口优势明显，但是，黑海地区国家生产成本低，逐渐与澳大利亚抗衡。如果澳大利亚想保持在亚洲地区的领头羊地位，则必须改善忽视多年的供应链基础设施。国内市场，外国交易商发展迅猛，参与澳大利亚传统行业，竞争环境日益激烈。这有助于向基础设施注资，提高供应链效率。

2.3 SWOT 分析

澳大利亚农业产业 SWOT 分析

优势	• 澳大利亚拥有世界上最大的农业出口业，是世界最大的小麦、糖、牛肉、奶制品出口国之一 • 拥有许多大型农牧场，高度商业化，产量充裕 • 近年来，澳大利亚畜牧业和奶业基本逃过疾病侵扰，而竞争对手则遭受疾病影响
劣势	• 相较于竞争对手，例如巴西，劳动成本较高 • 许多农场负债严重，尤其是经历多年干旱的农场，技术和产量的投资受限
机遇	• 亚洲新兴市场需求猛增，扩大澳大利亚农业出口 • 农业已经历一波外国公司收购潮，这些公司试图扩大本部之外的地理范围，有利于提高农业规模经济，创造业务协同
挑战	• 世界经济形势脆弱，削弱需求，从而导致澳大利亚出口量减少，价格下跌 • 根据澳大利亚气象局和联邦科学与工业研究组织出具的多份报告，由于气候变化，未来澳大利亚很有可能面临更多干旱，威胁农业产量 • 如果老化的供应链基础设施没有资金注入，出口增长将受限

在澳经商开设企业运营 SWOT 分析

优势	• 劳动力受教育程度高，交通运输设施较为现代，支撑经济发展 • 与新西兰、泰国、美国等国的自由贸易协定有利于贸易活动
劣势	• 虽然投资环境开放，但对于外国投资农业土地超过 1 500 万澳元，和外国投资农业领域超过 5 500 万澳元的投资案例，都必须接受外国投资审批委员会（Foreign Investment Review Board）审批，尽管这已经从原来政策的基础上进行了较大幅度的下调 • 该国人口 2 300 万，以地区水平衡量，国内消费市场规模较小
机遇	• 澳大利亚正与海湾合作委员会、印度、印尼就自由贸易协定问题进行磋商。该国同时还参与太平洋紧密经济关系协定（PACER）、区域全面经济伙伴关系（RCEP）对话 • 城镇基础设施升级、扩建以匹配澳大利亚主要城市人口增长，形成 PPP 项目。同时政府致力于改善乡村地区基础设施 • 人口老龄化需要更多医疗设施。联邦政府推出的全国残障保险计划（National Disability Insurance Scheme），将推高医疗服务需求
挑战	• 澳大利亚外国公司企业税率高于其他国家，且不久的将来，政府也不大可能削减税率 • 近期中国公司对澳大利亚农业和资源开采行业的投资意向，引起该国恐慌，认为战略资产面临着落入外国公司手中的威胁。销售合同也相应加入防止这种情况发生的条款，因而降低目标资产吸引力。近期启用的数据库，旨在提高持有澳大利亚资产的外国公司透明度，不知该做法是否会导致更多法律监管

2.4 中澳自由贸易协定对相关产业的影响分析

中澳自由贸易协定无疑让澳大利亚农业成为澳方主要受益的产业之一。作为澳大利亚农产品的最大出口国，自贸协定签订后将有一系列关税减免，会刺激中国市场对澳大利亚农产品继续保持强劲需求，从而促进澳农业生产能力、新产品、技术等方面的投资。

从下表可以获知，澳大利亚奶业和牛肉产业收益最多，但是小麦、糖和大米没有涉及。

《中澳自由贸易协定》商品协定细节

商品	影响评价	现行关税	关税减免措施
奶业	正面	10%～19%	4～11 年内降低（奶酪、奶粉、黄油、鲜奶、酸奶）
牛肉、羊肉	正面	冷藏、冷冻牛肉 12%～25%；羊肉 12%～23%	牛肉：10 年内降为零；羊肉：9 年内取消

（续）

商品	影响评价	现行关税	关税减免措施
活体动物	正面	10%（牛、羊）	4年内降低
园艺	正面	不超过10%；柑橘类植物11%～30%	4年内降低（柑橘类8年内降低）
大麦、高粱	正面	大麦、高粱3%；燕麦2%	立即取消
酒	正面	20%	4年内降低
小麦	平	配额外关税：65%；配额内：1%	受关税限制。但是中国小麦配额为960万吨，远高于中国进口量。所以没有实际影响
大米	负面		维持关税
菜籽油、玉米	负面	9%	维持关税
糖	负面		维持关税

来源：BMI。

中澳自贸协议对澳方农业各细分行业的影响如下：

• 奶业：搭建同新西兰公平竞争的平台

未来，中国对乳制品旺盛的需求，加之澳大利亚进口产品价格较低，出口至中国的乳制品将加速增长。未来10年将逐渐取消目前适用于乳制品行业的10%～20%的关税率，婴儿配方乳制品15%的税率将在4年内取消。

尤为重要的是，大部分澳大利亚乳制品将免于目前适用于新西兰进口乳制品的保障措施。该保障措施要求，自新西兰原产货物的进口量，超过某触发水平，中方可通过附加关税的形式对该产品实施特殊保障措施。唯一适用保障措施的澳大利亚乳制品为全脂奶粉。自2008年中新自由贸易协定签订，新西兰从中国市场特权中受益，而不久前签订的中澳自由贸易协定正帮助澳大利亚搭建乳制品出口的公平竞争平台。

同其他供应国，例如法国、美国、德国相比，澳大利亚在奶酪和黄油出口方面将获得更强竞争力。

• 牛肉：自贸协定确保澳大利亚维持中国最大供应国地位

未来，中国对牛肉和活牛需求将迎来强劲增长。作为重要供应国的澳大利亚，必将从这一趋势中获益。自贸协定提高了澳大利亚相对于加拿大、阿根廷等国的竞争力。不过，未来5年，澳大利亚更会面临来自低成本牛肉供应国的激烈竞争，尤其是巴西，还有印度（若中国放开印度牛肉进口）。

- 谷物：胜负参半

2015 年，随着关税减免，大麦、高粱和燕麦出口将迎来激增，但是其他谷物出口形势好坏不一。小麦、大米和菜籽油不在自贸协定范围内，依旧适用原有关税。中国偏好从越南、泰国进口相对便宜的大米，因此，澳大利亚出口至中国的大米量可忽略。中国小麦进口已经适用 1% 的低关税，所以澳大利亚小麦出口业绩不变。澳大利亚谷物出口竞争力不会受到其他国家挑战。

- 外国投资渠道未改善

虽然中国积极要求澳大利亚降低农业外国投资限制，但是该国土地和农业企业投资项目限制仍旧较多，中国投资农田逾 1 500 万澳元，投资农业企业逾 5 300 万澳元，以及国有企业投资，需面临投资审查，同日本、韩国投资的审查标准一致。

虽然针对中国投资的外国投资法律法规没有放开，澳大利亚的农田和农业企业的利益价值仍然很高。澳大利亚农产品口碑极佳，安全、品质高、生产力高，临近亚洲市场。且根据 OECD 信息，澳大利亚农业外国投资监管不及新西兰严苛。

2.5 澳大利亚奶业分析与预测

2.5.1 奶业供给形势

澳大利亚产奶量并不高，但 50% 用于出口，因此是世界第三大乳制品出口国。

奶业是澳大利亚第三大乡镇产业，前两位是小麦和牛肉，总产值为 40 亿美元。澳大利亚奶业发展遵循两条路径，昆士兰、新南威尔士北部和西澳大利亚注重国内市场，占总产量的 25%，其他地区主要从事出口。维多利亚、塔斯马尼亚、新南威尔士南部和南澳大利亚的奶牛场主要生产酸奶、奶油、奶酪等乳制品，出口至亚洲和中东。

2013/2014 年度澳大利亚奶业收益颇高。高利润率加上有利天气，2014/2015 年度该国奶业将呈现自 2008/2009 年以来最迅猛的增势。2014/2015 年度奶产量增长强劲，预计同比增长 2.0%，达到 940 万吨。奶制品产量也有增加，首屈一指为奶酪（同比增长 5.1%），其次为全脂奶粉（同比增长 4.2%）。

由于奶牛场盈利能力远低于 2014/2015 年度，2015/2016 年度乳制品产量将下滑，进而影响投资。CGGT 预测下一年度，牛奶产量增长平缓，为 1.8%。

澳大利亚奶产量正从 10 年以来的产量下跌中恢复。过去 10 年，奶产量稳步下跌，但是每头牛平均产奶量却持续增加，这正好说明正在进行中的产业合并的功效显现。2000/2001—2011/2012 年间，牛奶产量缩减 17.9％。但是每头牛产奶量上升 28.3％，跻身全球每头牛产奶量最高的国家行列。合作社已经不是该行业主流形式，产量不到 40％。最大的合作社是迈高乳业（Murray Goulburn），生产全国 33％的牛奶。

CGGT 的 5 年预测是，到 2018/2019 年度，奶产量将比 2013/2014 年度增长 12.0％，达到 1 040 万吨。乳制品产量增速加快，尤其是全脂奶粉和奶酪。出口需求拉动生产，2018/2019 年度全脂奶粉产量增速迅猛，较 2013/2014 预计增长 16.8％，达到 140 000 吨。奶酪产量增速 16.5％，达到 362 400 吨。黄油产量增速较平缓，为 11.5％，达到 129 400 吨。

2.5.2　奶业需求形势分析

过去几年，澳大利亚乳制品消费上涨，2005—2010 年间，增长 10.9％。2013 年，由于产量业绩平平，乳制品消费增速疲软。2014 年需求回升，2015 年保持增长，达到 270 万吨，同比增长 2.0％。到 2019 年，牛奶消费量将在 2014 年的基础上增长 10.1％，达到 290 万吨。全脂奶粉消费量增长也同样强劲，到 2019 年达到 51 000 吨，增速 21.4％。奶酪消费量也将维持较快增长。

- **2015/2016 年度奶产量预测**

继 2013/2014 年度大丰收后，2014/2015 年度奶牛场盈利能力大幅下滑，因此 2015/2016 年度奶产量预计大幅下滑，影响投资。预计奶产量增速比较平缓，为 1.8％。

根据澳大利亚农业经济资源局（ABARES）数据，2013/2014 年度，奶牛场平均现金收入为 163 900 澳元，几乎两倍于 2012/2013 年度之前 10 年的平均值，2012/2013 年度收入为 44 130 澳元。据估计，2013/2014 年度，仅有 16％的奶牛场收益为负，2012/2013 年度这一比例为 33％。利润提高，农民短期负债减少，增加对生产系统投资，尤其是南部出口导向型地区。农民信心提振，有助于 2014/2015 年度产量回弹。

但是，由于农场牛奶价格增长趋缓，谷物价格上涨，2015/2016 现金收入将下降 41％，仅为 97 000 澳元。澳大利亚农业经济资源局（ABARES）预测，2014/2015 年度，农场牛奶平均价格为澳分 44/升，较 2013/2014 年澳分 51.2/升价格下跌，但依旧高于 2008—2013 年的平均价格。

- **国内需求疲软，国外需求强劲**

南澳大利亚的奶牛场产量，占国内牛奶产量的 2/3，最能从需求日益增长的亚洲市场中获利。澳大利亚的出口加工厂大部分位于该地区，因此与其他注重国内市场的地区相比，牛奶价格更易受到国际价格影响。

该国南部地区（主要是维多利亚），牛奶多用于出口，农场牛奶价格上涨有助于财务业绩。而注重国内市场的地区，收入惨淡。出口导向型农场发展机会更多，收益往往更高，但也易受国际奶价波动影响。

亚洲需求猛增，澳大利亚南部地区获益。国内需求平稳，澳大利亚北部地区收入停滞。这种差异清晰地反映于澳大利亚乳业局（Diary Australia）调查报告《全国奶农调查》（National Dairy Farmer）：75％的奶农对该行业未来有信心，但北部地区则信心低落，比如昆士兰，前述比例仅为 35％。

- **前景稳健，但生产成本上升**

澳大利亚牛奶产量将迎来新高，至 2018/2019 年达到 1 040 吨，较 2013/2014 年度提升 12.0％。在过去 10 年产量下降的低谷期后，澳大利亚出口量还将继续提升。但是，同澳大利亚的传统竞争对手（新西兰和欧盟国家）相比，其相对竞争力正在减弱。澳大利亚乳业局称，该国生产成本较低，有弥补了农场牛奶价格低的问题。但是，由于干旱、饲料减少，生产成本正逐渐升高。除了近几季雨水增多，诸多其他原因使澳大利亚成本结构无法回归 10 年前状态。因此，随着国内产奶量减少，澳大利亚国际贸易份额会随之缩减。

- **未来产业将进一步整合**

牛奶生产和牛奶加工业正经历重大产业整合。牛牧业，牛群扩大。1980 年奶牛场数量为 22 000 个，平均规模 85 头。而到了 2012 年，奶牛场为 6 770 个，平均规模为 240 头。利润率降低，农民不得不追求规模经济，因此牛群规模还将扩大。

目前，许多大型制造商在收购澳大利亚农业资产，可见其野心勃勃的出口计划，这些动作凸显出奶业公司试图获得太平洋国家稳定的牛奶供应源，以回应亚洲日益增长的进口需求。澳大利亚奶业收购潮将吸引更多投资，促进效率，提升利润，有助于该国未来奶业生产和出口。许多加工企业正以新的措施激励奶农，以提高产奶量。

2.5.3　风险展望

展望澳大利亚奶业风险所在，其一是持续缩减的奶牛数量。根据美国农业部数据，2002 年奶牛数量达到峰值，为 270 万头。由于持续的天气干燥，如今已下降 33.7％，为 160 万头。未来两年，虽然提高收益能够刺激牛奶产量，但是如果澳大利亚奶牛数量不扩大，产奶增量会受到抑制，尤其在天气条件不利的情况下。

另一风险是乳制品行业奶农数量持续减少。来自农业经济资源局（ABA-RES）的调查显示，13％的奶农表示，未来 3 年不大可能留在该行业。随着该国城市化进程，奶农数量将继续减少，影响该行业。

此外，碳排放税和水利政策的不确定性也影响行业发展。最终影响产量的风险是行业监管解除，取消给奶农的价格安排，导致奶农极易受市场价格波动影响。尤其是多年干旱，许多奶农已经债台高筑，低价状态只要维持，奶农就有可能破产。东盟自由贸易协定更是让该行业雪上加霜，完全让澳大利亚与全球产奶大户新西兰竞争，后者生产技术效率高，销售价格低于澳大利亚乳制品。

2.6 澳大利亚牛肉、猪肉产业分析与预测

2.6.1 牛肉、猪肉供应形势

由于大型、高度机械化的农场支持，澳大利亚一直是全世界最有效率的牛肉生产国。因为 2013 年和 2014 年的干热气候，许多生产商没有足够的牧场来支持畜群的数量，所以牛肉生产商的屠宰数量保持上升水平。屠宰牛的数量为 940 万头/年，年增长率为 12.0%，同时牛的数量为 2 760 万头，同比（年）降幅 5.8%。2013/2014 年牛肉的生产量为 240 万吨，创历史新高，年增长率为 8.7%。

2015 年的厄尔尼诺气候现象造成不利的气候条件，这也会影响 2014/2015 年的牛肉产量。因为国内对饲料和牧区的需求减小，2015 年内，牧场工人会持续增加屠宰的数量。在 2015 年，由于进口需求强劲，驱动了牛肉价格的上涨，同时也激励农场主进行屠宰。因此在 2014/2015 年，牛肉产量会连续第三年保持快速增长，达到 250 万吨，年增长率为 4.0%。因此到 2016 年，澳大利亚牛群的数量可能达到 20 年以来的最低水平。到 2016 年厄尔尼诺消散，气候转好之后，生产商将开始重建自己的畜群。

2018—2019 年，CGGT 预计牛肉产量将大范围停滞，达到 240 万～250 万吨。这种低迷的预期是基期过高（2012/2013 年和 2013/2014 年牛肉产量的增长强劲）造成的。从长远来看，CGGT 预计澳大利亚将持续作为强有力的肉类出口国。

对于猪肉产量，CGGT 预计 2014/2015 年的增长将放缓，达到 1.1%（364 000吨）。由于澳大利亚粮食价格的增长，导致生产成本增加（喂养的成本占总成本的 60%），猪群的数量将保持稳定。近几年，行业的合理化迫使大多数低效率的经营者离开该行业。由于澳大利亚对猪肉的需求依然强劲，CGGT 预计产量将以 2013/2014 年的 5.4% 的水平增长，到 2018/2019 年，产量将达到 379 500 吨。

2014/2015 年，由于强劲的国内需求，家禽的产量将达到历史最高水平，为 110 万吨，年增长率为 2.0%。与多数畜牧业不同，家禽行业几乎保持专属的家族所有制。家禽行业消耗大约国家所有粮食产量的 5%。到 2018/2019 年，CGGT 预计产量将以 2013/2014 年水平的 11.1% 进行增长，达到 120 万吨。

2.6.2　牛肉、猪肉需求形势分析

在过去的 10 年，澳大利亚的牛肉消耗量有所增长，虽然在后 5 年有轻微下降。牛肉消耗量在 1977 年达到顶峰，为 103 万吨，当时的年人均消耗量为 70 千克。在到达顶峰之后，由于价格的上涨和对于健康饮食意识的增加，消耗量急剧下降。2014 年人均消耗量少于顶峰值的一半，为 33 千克左右。消耗量预计在中期将停滞在这个水平。到 2019 年，由于人口增长的推动，CGGT 预测牛肉消耗量以 2014 年水平的 2.7％进行增长，达到 817 300 吨。

猪肉消耗量比较乐观，从 1990 年以来，澳大利亚消耗量的增长超过 40％。近几年，更多比重的消耗由进口承担。主要的供应商来自美国、加拿大和丹麦。CGGT 预计增长还将持续，到 2019 年消耗量将增长 4.7％，达到 555 000吨。

在未来几年，由于消费者持续选择禽肉作为更健康的食物来代替牛肉，禽肉消费将成为最强劲的消费增长。因此，CGGT 预测消费量在未来 5 年的增长率为 17.9％，消费量达到 120 万吨。

2.6.3　厄尔尼诺现象对牛肉生产的影响

2015 年 5 月世界很多气象部门都宣布，今年会出现厄尔尼诺现象。然而，5 月份的天气比预计的更糟糕。多家日本和澳大利亚的气象机构提醒，今年的厄尔尼诺现象很可能比之前预计的更为严重。厄尔尼诺现象往往意味着澳大利亚东部冬春两季的降水量会低于往年平均降水量。虽此对澳粮食产量的影响很难准确预测，但今年再次出现此现象很有可能因受 2014/2015 两年不良气候影响而使 2015/2016 年持续低迷的粮食产量难以恢复。

厄尔尼诺现象也将对牛肉产量产生影响。由于国内饲料粮供应量和放牧面积的减少，2015 年牧场主们必将搁置他们在历经 2013/2014 两年的快速屠杀后重建牛群的假话，继续加大屠宰量。同时，国际市场日益增长的进口需求所带来的持续攀升的牛肉价格也会促使牧场主加大屠宰量。由此可见，牛肉产量将在 2014/2015 连续增长两年后再度激增，达到 250 万吨，年增幅将达 4.0％。然而，这也意味着澳大利亚畜牛数量将在 2016 年达 20 年最低值。到 2016 年，一旦厄尔尼诺现象有所消散或气候条件有所改善，牧场主必定降低屠宰量以恢复牛群数量。

若想使澳大利亚畜牛数量回归历史正常值，必将经历一年以上的漫长过程。可见 2016、2017 两年的牛肉产量可能略有回升。

随着牛肉产量连续 3 年的增长，澳洲牛肉出口量将在近期达到新高，但在 2015/2016 年度必将有所下滑。

澳大利亚2014—2019年牛肉实际及预计生产、消费数据表

	2014	2015f	2016f	2017f	2018f	2019f
牛肉产量（单位：千吨）	2 440.0	2 537.6	2 486.8	2 491.8	2 499.3	2 504.3
牛肉产量增幅（年同比，单位：%）	8.7	4.0	−2.0	0.2	0.3	0.2
牛肉消费量（单位：千吨）	795.6	796.4	798.0	804.4	810.8	817.3
牛肉消费量增幅（年同比，单位：%）	2.0	0.1	0.2	0.8	0.8	0.8

f＝BMI 预测。数据来源：BMI 国家数据。

澳大利亚2014—2019年猪肉实际及预计生产、消费数据表

	2014	2015f	2016f	2017f	2018f	2019f
猪肉产量（单位：千吨）	360.0	364.0	368.4	372.1	375.8	379.5
猪肉产量增幅（年同比，单位：%）	1.1	1.1	1.2	1.0	1.0	1.0
猪肉消费量（单位：千吨）	530.1	535.1	540.1	545.0	550.0	555.0
猪肉消费量增幅（年同比，单位：%）	0.4	0.9	0.9	0.9	0.9	0.9

f＝BMI 预计。数据来源：BMI 国家数据。

澳大利亚2014—2019年禽类实际及预计生产、消费数据表

	2014	2015f	2016f	2017f	2018f	2019f
禽类产量（单位：千吨）	1 080.5	1 102.1	1 126.4	1 150.0	1 175.3	1 200.0
禽类产量增幅（年同比，单位：%）	3.3	2.0	2.2	2.1	2.2	2.1
禽类消费量（单位：千吨）	1 017.2	1 057.9	1 090.7	1 125.6	1 161.6	1 198.8
禽类消费量增幅（年同比，单位：%）	3.8	4.0	3.1	3.2	3.2	3.2

f＝BMI 预计。数据来源：BMI 国家数据。

2.6.4 中澳自由贸易协定（FTA）及中国需求对澳牛肉产业影响分析

澳大利亚农业经济领域必将受惠于澳与中国签订的《中澳自由贸易协定》（FTA）。此协定降低了两国间的贸易壁垒，比如中国降低了从澳进口主要商品的关税，包括牛肉。

未来几年，中国对牛肉和活小牛的进口需求将大量增长。澳大利亚作为中

国市场的主要出口供应商，必将受益于此趋势。

《中澳自由贸易协定》（FTA）增强了澳大利亚在同加拿大、阿根廷等其他出口国间的竞争力。然而，在未来，澳大利亚终将面临来自低价牛肉供应国的挑战，尤其是巴西、印度（若中国在未来开放从印度进口牛肉）。

2014 年，澳大利亚牛肉出口贸易在很多方面都有长足进展，这使此经济领域的中期预计更好。2014 年 4 月，澳大利亚又与两个主要的澳洲牛肉进口国日本、韩国分别签署了《自由贸易协定》（FTA）。同时，澳大利亚对某些新兴市场，如亚洲、中东等国的出口也在增长。

以下是上述三份《自由贸易协定》中各国有关从澳进口牛肉关税的约定：

1. 中国：未来 10 年内，中国将取消的从澳进口牛肉的关税，现今冷、冻牛肉关税均为 12％～25％。

2. 日本：日本将降低从澳进口牛肉制品的关税。第一年，冻牛肉关税将从 38.5％降低至 30.5％，冷牛肉关税将降至 32.5％。而未来每年关税的微调将最终将冻牛肉关税降至 19.5％，冷牛肉关税降至 23.5％。可享受低关税的从澳进口牛肉制品的限额确定为冻牛肉 195 000 吨（十年内扩大至 210 000 吨），冷牛肉 130 000 吨（可扩大至 145 000 吨）。此《自由贸易协定》（FTA）的成功实施将为日本牛肉市场的进一步自由化，以最终取消从澳进口关税及其他贸易障碍打下良好基础。

3. 韩国：韩国同意在未来 15 年逐步取消现今从澳进口牛肉的 40％关税。《美韩自由贸易协定》降低了韩对美进口牛肉的关税，使美国牛肉出口市场大受裨益。而此份《韩澳自由贸易协定》将保证澳洲牛肉出口商享受与美国供应商相同的优惠待遇。

- **中国对活牛市场潜在需求将猛烈释放**

澳大利亚活牛出口前景光明。经过 10 年的商谈，中澳即将签署一份有关活牛交易的协定。2015 年中，此出口协定的某些细节仍在商谈中。协定签署第一年，就将会有 5 万头左右、总价超 5 000 万澳元的活牛被运往中国，且未来年出口量必将上升至 10 万头。

如今，澳大利亚活牛出口市场已十分繁荣。根据澳大利亚农业和资源经济与科学局（ABARES）统计，澳大利亚活牛出口量在 2013、2014 两年翻倍至996 000 头，总价超过 7.8 亿澳元。

印度尼西亚和越南是澳洲活牛的主要进口国。早在 20 世纪 90 年代初，澳大利亚就开始向其邻国印尼出口活牛。但如今，由于澳大利亚国内对于印尼虐待动物事件高发的担忧以及印尼首都雅加达为求自给自足而实施的进口限制，此项贸易严重受阻。

而此份中澳贸易协定的签署必将降低澳活牛市场对印度尼西亚的依赖。

CGGT 认为，澳北领地和西澳州的畜牧业者们将是此份中澳协议的最大受益者。而对中国而言，活牛进口将带动中国国内肉类屠宰、加工业的发展。事实上，即使在政府大力扶持和大量补贴下，由于难以切实提升中国活牛数量，当今的中国屠宰业仅有 30％的生产力。

• 中国的牛肉需求量将继续大幅增长

近年来，中国牛肉进口需求量激增，近 3 年来增长了 3 倍，从 2012 年的 99 000 吨增加到 2014 年的 410 000 吨。如此巨大的进口量反映出了中国国内持续增长的牛肉消费需求量和长期低迷的牛肉产量间的严重失衡。即使在 2013—2014 年间，中国市场需求由于禽类和猪肉类安全问题（禽流感、猪流感的暴发）而有所下降，但中国国内供给的短缺是结构性的、根本性的，所以 CGGT 预计，中国市场对牛肉的进口需求量将在 2017 年、2018 年度再度激增。

即使中国人对牛肉的需求量仅占肉类总需求量的 8％，但其难以提升的国内牛肉产量仍给出口国们提供了大量机会。中国正逐步打开其进口牛肉的大门。澳大利亚和新西兰，基于其与中国长期稳定的贸易往来，已在此项贸易中占得先机。与其他牛肉出口国相比，这两个国家已作出了一系列关于进入中国进口牛肉市场的战略安排，如创建、完善出口公司（2013 年，50 家澳大利亚公司，85 家新西兰公司）。

在未来，CGGT 认为，中国日益增长的牛肉进口量必将使澳大利亚大受裨益。如今，澳大利亚已是中国最大的牛肉供应国，其 2012 年对华出口的牛肉总价超中国进口牛肉总价的 40％。这不仅仅得益于中澳在地理上的毗邻所带来的较低运费率，更是由于澳大利亚可提供多种不同档次的牛肉制品，以满足中国市场不同消费层的需求，包括新兴高端市场。

并且，澳大利亚在向中国提供冷冻分割牛肉方面占有压倒性优势，澳出口量占中国此类商品进口量的 98％。虽然澳洲出口的新鲜牛肉量仅占中国牛肉总进口量的 38％，但此项贸易正在飞速增长（2011 年至 2013 年间年增长率达442％），涨幅明显大于冷冻分割牛肉贸易涨幅（2011 年至 2013 年间年增长率仅为 190％）。

2.6.5　国际市场竞争与机遇

新兴市场，尤其是专注于低价提供低档次牛肉的市场，加剧了国际牛肉出口市场的竞争。

2012 年年底，由于一起巴拉那疯牛病事件，中国政府开始禁止进口巴西牛肉。2014 年 7 月，中国政府取消了此项禁令。此后，巴西牛肉成功打开了中国香港市场（2013 年，巴西出口牛肉量占中国香港进口牛肉总量的 46％），这也预示着巴西牛肉很可能在中国大陆市场上再创佳绩。

中国此次再度开放进口巴西牛肉，无疑对澳大利亚牛肉出口行业产生了巨大威胁。随着中国开始审查新的巴西经营出口贸易的屠宰厂，巴西低成本运输业也将在未来几年迅速发展。至今，巴西仅有 8 家屠宰厂通过了中国的审查，而如今澳大利亚已有 33 家通过审查。

同时，由于极具竞争力的价格，乌拉圭牛肉出口行业发展迅猛，近年来，其享有了 20％～30％ 的市场份额。此外，世界第二大牛肉出口国印度，于 2013 年 5 月与中国签署了一份关于直接出口水牛肉的谅解备忘录，并于 2014 年投入实施。

并且，随着中国对巴西禁令的废止，美国的牛肉出口行业很可能重回市场。美国向加拿大作出的有关再度向其出口剔骨牛肉的同意书预示着美国将在未来加入这场竞争。在美中商贸联合委员会的一次会议上，中美同意共同努力，以重建美中牛肉进出口贸易。

综上，可以看出，各国对华出口牛肉贸易仍十分不稳定。主要由于中国国内一旦暴发疾病或对肉品质量产生疑虑（如生长激素的使用等），中国政府就会迅速采取贸易限制等措施以保护其国内市场。因此，维持产品质量品质以维护澳洲作为世界高品质肉类供应商的国际声誉，对澳大利亚和新西兰维持对华出口贸易至关重要。

然而，澳大利亚牛肉产业也有好消息，诸如亚洲和中东各国出口牛肉的机遇，很大程度上缓解了澳大利亚在传统牛肉出口竞争中来自美国的压力。销往这些国家的牛肉出口量，从 2005 年的几乎为零，到 2012 年已占澳大利亚牛肉出口总量的 30％。

具体而言，未来销往中国以及马来西亚、菲律宾、印度尼西亚等东南亚国家以及沙特阿拉伯等国的牛肉量必将增长。

俄罗斯，作为近年来世界第五大澳洲牛肉进口国，其市场需求预计也将大量增长。近日，俄罗斯加入 WTO，这确保了俄罗斯牛羊肉市场准入门槛（除技术问题外）将在未来几年保持稳定。

在这些新兴市场上，澳大利亚也面临那些如巴西、印度等新兴竞争者的挑战。印度已是当今世界最大的牛肉出口国，在 2013 年，其占有 24％ 的世界市场份额。印度牛肉主要销往越南、马来西亚、埃及、沙特阿拉伯以及菲律宾等澳大利亚正在开拓的新兴市场。

这些新兴市场普遍对价格非常敏感，他们多半进口低价的冻肉制品用作食品加工，拉美和印度的供应商们很好地迎合了此低端市场的需求。而澳大利亚的高品质冷牛肉（多半流向高级牛排餐厅）在冻肉市场领域享有绝对竞争力。

同时，随着美国逐步确立起的对越南市场以及中国香港市场的影响力，即使中美间暂未达成任何正式的协定，中国仍必将成为未来澳美竞争的主战场。

2.6.6　行业风险预测

如果澳元升值必将对澳洲牛肉的出口产生不利影响（升值的可能性不大）。正如这两年发生的那样，澳元升值导致澳洲牛肉价格上升，严重削减了澳洲牛肉的国际竞争力。

澳洲贸易合作国，尤其是亚洲各国，国内经济的衰退将导致消费者减少牛肉在其日常饮食中所占的比例，转而选择消费价格较为低廉的食品，如大米。2009 年，由于此类经济问题，澳大利亚对日韩出口牛肉量分别下降了 2％、3％。然而，新兴市场，如印尼、中东等地，经济发展前景乐观，此种经济利好状态也必将带来牛肉进口需求量的增长。

同时，必须注意到，所有牛肉进口国都对食品安全问题十分敏感。正如2003 年的美国那样，任何病毒的暴发都可能使澳洲牛肉出口量迅速降为零。

2.7　澳大利亚水产业分析与预测

澳大利亚以出产安全、高品质的海鲜而世界闻名，野生捕捞渔业和水产养殖业生产过程均采用环境友好型可持续的方式。

近年来，世界海鲜消费量和总产量都在上升，但野外捕获的水产量基本保持不变。这预示着野生渔业产量已达上限。可见，未来水产养殖业将在满足本地、乃至世界海鲜需求量方面发挥更大作用。

除了高品质的野生和养殖的海产品，澳大利亚有最为先进的生产技术和生产程序，通过精细化管理和现代捕捞体制，缔造出世界级产量，乃至超越产量的先进技术和革新。

澳大利亚的水产养殖业和渔业的产品和技术正满足着国际需求。

2.7.1　行业概况

澳大利亚拥有世界第三大的渔区，其海岸线约 60 000 千米，面积超过 1 400万平方千米。

澳大利亚的海洋环境区横跨世界五大海洋气候区，包括赤道、热带、亚热带、温带、亚寒带及寒带海洋气候区[1,2]。

在澳大利亚水域中，已知的鱼类种类已超过3 000种，且甲壳纲动物和软

---

① 参考澳大利亚地球科学组织，ga. gov. au/education/geoscience-basics/dimensions/coastline-lengths。

② 参考澳大利亚地球科学组织，ga. gov. au/ausgeonews/ausgeonews201006/biodiversity。

体动物数量不少于此。而只有十分之一的海洋资源可用于商业捕捞[①]。

商业性渔业和水产养殖业在澳大利亚是一项重要的基础产业，年产值 240 万澳元，提供就业 10 600 份（包括 7 000 份直接就业和 3 600 份间接就业）。

在 2012 至 2013 年间，水产养殖业产值占澳大利亚渔业总产值的 43%，产量占总产量的 35%。大马哈鱼是澳大利亚产量最大的水产养殖鱼类，也是产值最高的水产品[②]。

澳大利亚 2012—2013 年度水产品产值、产量

产量最大的 5 种水产品（包括野生捕捞和人工养殖）（单位：吨）

大马哈鱼：42 978

澳大利亚沙丁鱼：38 437

对虾：21 145

牡蛎：12 530

金枪鱼：11 376

产值最高的 5 种水产品（包括野生捕捞和人工养殖）（单位：百万澳元）

大马哈鱼：497

岩龙虾：451

对虾：277

金枪鱼：190

鲍鱼：177

（以上排名不包括维多利亚地区养殖鲍鱼的产值）

通过渔业精细化管理和现代水产养殖技术，澳大利亚渔业企业、政府有关部门、相关科学家以及各用户群将一同致力于将澳洲渔业建设成为一个具有高收益和强劲国际竞争力的产业，并一同维护澳大利亚海洋生态系统的长期稳定。

澳大利亚商业性渔业开展范围十分广泛，从江口到海湾，横跨大陆架一直深入深海区，有的甚至可达公海。渔业产品种类丰富，包括扇贝、对虾、海胆、鱿鱼和鳕鱼、鲬等的沿岸鱼类，以及诸如石斑鱼等的岩礁鱼类，以及海洋巴塔哥尼亚齿鱼、金枪鱼和长嘴鱼。

澳大利亚渔业产品多集中于高价出口品种，诸如岩龙虾、对虾、金枪鱼、大马哈鱼以及鲍鱼。同时，澳大利亚渔业也向当地以及国内市场供应新鲜水

---

① 参考澳大利亚农业部，agriculture. gov. au/fisheries/domestic。

② 澳大利亚农业和资源经济与科学局，2014 年 11 月发布《2013 年澳大利亚渔业和水产业数据》，agriculture. gov. au/abares/ publications。

产品①。

　　澳大利亚是世界最主要的野生鲍鱼和岩龙虾出产国，产品主要向中国香港、越南、日本、中国和美国市场出口②。

　　澳大利亚水产行业的竞争力体现在以下两个方面：

- **可持续发展型渔业管理**

　　澳大利亚正致力于建设可持续发展型渔业，并保护海洋生态环境。确保鱼类资源开发的可持续发展以及保护现存的主要鱼类品种是当今澳洲渔业的第一要务。一份 2014 年的政府报告显示澳大利亚有 88％的野生捕捞来自可持续发展的鱼类资源，然而仍有 2.1％的捕捞来自正处于过渡期或正在枯竭的鱼类资源，4.9％捕捞来自已过度捕捞的鱼类以及 4.6％的捕捞来自未知资源。

- **培训和标准**

　　澳大利亚海洋水产业培训包（SITP）是澳大利亚职业技术教育和海洋水产品工业培训的基础。培训涉及水产养殖业、渔捞作业、水产品加工业、渔业合规业以及水产品销售和配送业。

　　STIP 的培训项目涵盖了所有澳大利亚国内的商业活动，包括捕捞、养殖、培育、加工处理、储藏、运输以及销售水产品及其加工品。《澳大利亚食品行业技能》中 4 个海洋水产业板块中的能力标准明示了本行业所需的职业技术和专业知识③。

2.7.2　优质、纯净的野生水产品

　　澳大利亚海域生产优质的野生水产品。主要品种有岩龙虾、鲍鱼和金枪鱼。

- **岩龙虾**

　　澳大利亚主要出口两种岩龙虾：西澳大螯虾和南岩龙虾。前者主要产自西澳大利亚州，后者则主要来自南澳大利亚州和塔斯马尼亚岛。西澳大螯虾的产量很长时间以来一直占澳大利亚岩龙虾总产量的六成左右，但如今，它正逐渐让步于近年来稳步增长的南岩龙虾产量。

- **鲍鱼**

　　澳大利亚出产的鲍鱼超六成用于出口，主要销往中国香港、中国和日本。出口的鲍鱼主要有绿唇鲍和黑唇鲍，且都有人工养殖的和野生的。在产量方

---

　　①　渔业研究和发展公司发布的《2014 年澳大利亚主要鱼类资源情况报告》，agriculture. gov. au/abares/ publications。

　　②　澳大利亚农业和经济、科学资源局，2014 年 11 月发布《2013 年澳大利亚渔业和水产业数据》，agriculture. gov. au/abares/ publications。

　　③　详见澳大利亚食品行业技能，agrifoodskills. net. au。

面，塔斯马尼亚岛出产占全澳总产量 55% 的鲍鱼，其也是全球最大的鲍鱼渔区之一。除此以外，鲍鱼主要产自维多利亚地区和南澳大利亚州。

- **金枪鱼**

澳大利亚出产的金枪鱼约有 3/4 用于出口，主要销往日本生鱼片市场和美国。而如今泰国市场和南太平洋市场正在逐步壮大。野生金枪鱼主要产自澳大利亚东部金枪鱼和长嘴鱼渔区（ETBF），此渔区从昆士兰州北端的约克角半岛沿着澳洲东海岸一直延伸至维多利亚至南澳边境，包括塔斯纳尼亚岛附近水域。2012 至 2013 年度，ETBF 的黄鳍金枪鱼和大眼金枪鱼产值约 2 000 万澳元[①]。

2.7.3　人工养殖的水产品

近年来，澳大利亚水产养殖业正稳步发展。澳大利亚以其毗邻亚洲的地理优势和已被世界认可的产品质量，加之世界各国对于澳洲本地鱼类物种日益增加的需求，澳大利亚水产养殖业正逐步承担其向世界出口高端水产品的重任。

澳大利亚水产养殖业的产值主要来自高价品种，诸如珍珠、大马哈鱼以及金枪鱼，但澳大利亚有超过 40 种商业性水产品。

产值最高的 5 个水产养殖品种依次为：大马哈鱼、金枪鱼、珍珠贝、对虾和食用牡蛎[②]。

2012—2013 年度，澳大利亚水产养殖业生产总值（包括野生捕捞后投入南澳大利亚金枪鱼养殖区的南部蓝鳍金枪鱼）高达 10 亿澳元，占澳渔业生产总值的 43%。水产养殖业产量高达 80 066 吨，占澳大利亚渔业总产量的 42%。

- **人工养殖的大马哈鱼**

在澳大利亚，人工养殖的大马哈鱼是生产规模最大的水产养殖品种，也是获利最大的品种。2012—2013 年度，人工养殖的大马哈鱼总产值高达 4.97 亿澳元，占澳大利亚水产养殖业总产值的 48%，渔业总产值的 21%。

- **其他主要的食用类养殖出口品种**

除了养殖大马哈鱼，澳大利亚也是世界主要的淡水和海水水产品生产国，培育和养殖区从地处亚热带的淡水河和河口，一直到温带临海岸线水域。

人工养殖的品种出口主要集中于南部蓝鳍金枪鱼（野生捕捞后进行养殖，而非从孵化就开始养殖）、牡蛎、对虾和澳洲肺鱼。

---

① 参考澳大利亚农业和资源经济与科学局于 2014 年 10 月发布的《2013/2014 年度渔业情况报告》，agriculture. gov. au/abares/publications。

② 参考澳大利亚农业部，agriculture. gov. au/fisheries/aquaculture。

• 水产养殖业和水族馆供应

除了水产养殖业生产，澳大利亚在水产养殖（包括养耕共生）咨询、设备与技术、市场调研、研究与发展方面有很强的能力与专业性。

澳大利亚很多公司都曾进行过海洋环境人造系统的设计和运行（诸如海洋牧场、水面线、地下水面线、机架、海水网箱养殖、路基海洋池塘以及物种孵化），也进行过淡水环境人造系统的设计和运行，诸如池塘或水箱系统。

澳大利亚在水产养殖系统及其澳洲肺鱼、虫纹石斑鱼和鲈鱼等鳍类鱼产品的再循环和研究方式、设备方面经验丰富、实力强劲①。

如今，在水族箱内饲养装饰性宠物鱼在全球范围内广受欢迎。澳大利亚装饰性鱼类养殖工业年估值约为 3.5 亿澳元。澳大利亚以其独有的河流系统，河口及海洋环境成就了一个受益巨大的装饰性海洋动植物出口行业，出口面向全世界。

澳大利亚相关公司经营范围覆盖整个产业价值链，从水族箱系统概念设计、项目管理运作、提供主要设备设施，一直到为水族箱环境提供小鱼小虾及其他装饰性动植物。

2.8　种植业（大麦、玉米、小麦）

2.8.1　谷物行业预测

澳大利亚的谷物生产在 2000 年以稳健速度增长，并于 2011/2012 年度创造 2 900 万吨的记录。而同时，种植区却出现大范围停止，大麦产量在此期间实际有所下降。

但因气候原因，小麦和大麦的产量在过去三个季度都有所下降且低于 2011/2012 年度的水平。澳大利亚 2015/2016 年度谷物产量将会创造新低：因 2015 年厄尔尼诺现象重现导致的恶劣气候，小麦生产将继 2014/2015 年度 6.7％的减产率后于 2015/2016 年度出现再次大范围滞产。澳大利亚谷物产量的预期值已经修改下调到以 0.1％的低增长率产出 2 370 万吨（原预期值为 2 630万吨）；而大麦产量的预期值也下调到以 3.0％的增长率产出 830 万吨（原预期值为 830 万吨）。因而，出口增长也会被停滞不前的国内生产和平均存货量所限制。

澳大利亚的全球小麦出口领军者的地位预测仍会保持。小麦产量预计会从 2013/2014 年度到 2018/2019 年度以 10.6％的缓慢增长速度达到 2 800 万吨。澳大利亚 2013/2014 年度创下优异的粮产纪录，其基期过高效应会导致低生产率。由于

---

① 参考昆士兰政府商业和工业入门，business. qld. gov. au/industry/fisheries/aquaculture/site-selection-and-production/aquaculture-production-systems/recirculating-aquaculture-system-characteristics。

有限的产地和产量的增长，未来几年的粮食产量只会在绝对数量上有所适度增长。

与澳大利亚农业资源经济局（ABARE）的预测一致，澳大利亚也是重要的大麦出口国并预期会逐渐超过预测期的产量，玉米和大麦产量预测会从2013/2014 年度到 2018/2019 年度分别有 8.2％和 1.1％的增长。

澳大利亚作为一个成熟的市场，谷物消费量一直保持稳定。预计到 2019年小麦消费量会以 5.7％的增幅增加到 730 万吨，与畜牧业的增长和需求相一致；大麦消费量预期会以 16.6％的增幅增长，而其中的 70％将用于加工为饲料和出口；玉米消费量将会从 2014 年到 2019 年以 23.5％的速率增长到 43.4万吨，这主要得力于肉禽业的生产增长，因 60％的玉米用于加工为家禽饲料。

大麦生产/消费（澳大利亚 2014—2019）

	2014	2015f	2016f	2017f	2018f	2019f
大麦产量（千吨）	9 200.0	8 020.0	8 260.6	8 880.1	9 093.3	9 302.4
大麦产量增速，（％，同比）	23.2	−12.8	3.0	7.5	2.4	2.3
大麦消费量（千吨）	3 254.2	3 286.7	3 385.3	3 554.6	3 671.9	3 793.1
大麦消费量增速（％，同比）	6.0	1.0	3.0	5.0	3.3	3.3

f 为 BMI 预测。来源：BMI。

玉米生产/消费（澳大利亚 2014—2019）

	2014	2015f	2016f	2017f	2018f	2019f
玉米产量（千吨）	340.0	343.4	346.8	360.7	364.3	368.0
玉米产量增速，（％，同比）	−32.7	1.0	1.0	4.0	1.0	1.0
玉米消费量（千吨）	351.5	372.6	387.1	402.2	417.9	434.2
玉米消费量增速（％，同比）	−5.0	6.0	3.9	3.9	3.9	3.9

f 为 BMI。来源：BMI。

小麦生产/消费（澳大利亚 2014—2019）

	2014	2015f	2016f	2017f	2018f	2019f
小麦产量（千吨）	25 350.0	23 640.0	23 670.0	25 918.7	26 955.4	28 033.6
小麦产量增速，（％，同比）	11.0	−6.7	0.1	9.5	4.0	4.0
小麦消费量（千吨）	6 900.0	6 762.0	6 829.6	6 979.9	7 133.4	7 290.4
小麦消费量增速（％，同比）	2.1	−2.0	1.0	2.2	2.2	2.2

f 为 BMI。来源：BMI。

2.8.2 厄尔尼诺现象对 2015/2016 年度谷物的影响

澳大利亚 2015/2016 年度的谷物产量将再创新低。因 2015 年厄尔尼诺现象重现导致的恶劣天气，小麦产量将继 2014/2015 年度 6.7% 的减产率后于 2015/2016 年度出现再次大范围滞产。小麦产量在 2011/2012 年度达到 2 990 万吨的新高纪录后，在过去三个季度有所下降。

2015 年 5 月，世界各地气象部门都表明厄尔尼诺现象会在年内重现。正如这些气象机构所预测的，厄尔尼诺现象甚至会比前期预测的更为严重。厄尔尼诺通常与东部低于平均水平的冬春季节降雨量相关。

虽然该现象对澳大利亚谷物产量的具体影响难以预测，在 2014/2015 年度的大、小麦生产已被气候因素影响的情况下，今年该现象的重现将很可能影响 2015/2016 年度大麦和小麦生产的恢复。

澳大利亚小麦产量的预期值已经修改下调到以 0.1% 的低增长率，产出 2 370 万吨；而大麦产量的预期值也下调到以 3.0% 的增长率，产出 830 万吨。根据澳大利亚农业资源经济局（ABARE）预测，因西澳大利亚州不受厄尔尼诺现象的影响，所以该州的小麦产量将会增长 4%。然而新南威尔士州、南澳大利亚州和昆士兰州的小麦产量将有所下降。

出口增长也会被停滞不前的国内生产和平均存货量所限制。并且因 2013 年和 2014 年在澳大利亚物价上升之时国际芝加哥交易所（CBOT）交易价格的大幅度下降，澳大利亚小麦价格在近几年已失去竞争力。相比起 5 年来小麦 1 910 万吨的平均出口量，2014/2015 年度将下降到约 1 640 万吨，并很可能在 2015/2016 年度停滞在同一水平。

2.8.3 国际出口份额仍将维持

澳大利亚未来几年的小麦出口量将适度增长。然而，由于对产量增长的限制，澳大利亚小麦的超额生产速度会大大低于其竞争者。因此澳大利亚小麦出口的国际出口份额很可能会停滞于当前水平（于 2012/2013 年和 2013/2014 年占全球小麦出口量的 11%～13%）。基于谷物质量优良和向亚洲的运输便利，澳大利亚在农产品尤其是小麦的出口量上具有极大竞争优势。因为其近几年持续增长且相对稳定的谷物出口，澳大利亚的食品级大麦和小麦在世界已建立起可靠、稳定、高质量、安全且卫生的声誉。

此外，澳大利亚将继续从它邻近的快速发展的亚洲新兴市场中受益。亚洲因为饮食习惯的西化和畜牧业的发展，大麦和小麦的消费量急剧增长。澳大利亚在对亚洲尤其是东南亚地区的航运上占有竞争优势，据澳大利亚小麦出口创新中心（AEGIC）表明，从西澳大利亚州和新南威尔士州到澳大利亚最大的小麦买家印度尼西亚，海上运输时间只分别需要 6 天半和 13 天半，这是澳大利亚小麦市场上的主要竞争对手美国、加拿大和乌克兰运输到亚洲所需时间的25%～50%。因此，澳大利亚的散货运费仅是美国的 1/3～1/2，即 15～22 美元/吨。

2.8.4　澳大利亚谷物出口的激烈竞争

澳大利亚出口量和市场份额将停滞不前，这种假设主要基于三个因素来考虑。

首先，澳大利亚中期的谷物产量增长将持续低迷。由于澳大利亚的农业产业已发展成熟，谷物产量的增长会受到限制，比如有限的土地和水资源需要满足高生产率，这些都会对未来几年的生产增长造成影响。

第二，澳大利亚虽然拥有地理条件优势，但因为生产和供应链成本的增长而同期竞争者的成本更低，所以在物价上仍缺乏竞争力。生产成本明显高于其他小麦生产国是因为澳大利亚的劳工费用和投入成本高，且政府对农民无津贴。据估量，澳大利亚农业生产成本比美国高出 6 美元/吨，不包括美国农民通常领取的农业津贴。

供应链成本位居世界最高是因为澳大利亚国土面积大，在储存和运输等基础设施上需耗费大量投资。基础设施（尤其是铁路运输网）的效率低下影响了澳大利亚从亚洲的粮食需求中获利的机会。澳大利亚大多数谷物都是作为大宗商品通过铁路运输来出口的，低效的铁路运输（如延误、列车速度慢、列车承重和尺寸大小有限制）使供应链成本成为了谷物生产商们成本中最大的一笔费用。澳大利亚小麦出口创新中心（AEGIC）估计小麦从农场到港口每 200 千米运输的供应链成本就高达 60～75 澳元/吨（54～67 美元/吨），即占生产成本的约 30％和澳大利亚小麦均价的 23％（澳洲证券交易所新威尔士州基准价格）。

最后，全球小麦市场的国际竞争日益激烈，如低成本的生产商在黑海地区大量出产。澳大利亚的生产盈余量从 2013/2014 年度到 2018/2019 年度将会增长不到 3 000 万吨，相比之下俄罗斯预测将会同期增长约 5 000 万吨。黑海地区国家小麦的市场份额持续增长：在 2013/2014 年度俄罗斯和澳大利亚同样达到全球市场份额的 11％。乌克兰也一直大力向澳大利亚的主要出口市场中东（沙特阿拉伯）和亚洲（日本）进行出口。

2.8.5　投资供应链是未来出口发展之要

小麦出口部门和澳大利亚政府正致力于在未来几年维持小麦出口量。农业部将减少 25％的小麦出口税。此外，纽卡斯尔农业中心（Newcastle Agriculture Centre）于 2014 年年中采用了出口合规货物仓储机制（ECGS），这种新检验流程将免去许多不必要的成本费用和减少出口延迟。出口合规货物仓储机制（ECGS）将使注册机构在存储、处理、装运谷物和其他种植产品时更灵活便利。

虽然简化出口流程对保持澳大利亚作为世界前五的小麦出口国（包括独立实体身份的欧盟）的地位是明智之举，急需投资的小麦出口供应链也是不容忽视的。

澳大利亚需要加紧对其供应链的投资以提高竞争力,如基础设施方面国内的低效存储和交通运输都耗费巨大急需投资。目前在澳大利亚,兴起了对扩大港口容量的投资,如西澳大利亚州的两个港口就正在建设中,纽卡斯尔的新码头也在 2014 年 2 月完成了第一次货物装载。澳大利亚谷物市场的激烈竞争和近几年国际贸易公司(包括嘉吉、嘉能可、奥兰国际、丰益国际、邦吉集团和住友集团等)的引进与扩张都大大推动了农业部门的效率提高。东部地区(昆士兰州和新南威尔士州)历史悠久的谷物作物业如今也受到了许多投资新港口设施建设的新公司的挑战,同时伴随着邦吉集团和 Heilingjiang Feng 农业集团(Heilingjiang Feng Agricultural)纷纷在当地建设港口码头,西澳大利亚州的竞争也即将开始。

虽然新的港口码头在全国各地纷纷开始建起,处于滞后状态的铁路运输也急需投资。去年阿彻丹尼尔斯米德兰公司(ADM)对谷物集团的收购受到拒绝,意味着该公司向存储和资产处置领域计划投入的 50 亿澳元经费就此撤回,使需要铁路现代化建设的东部地区仍处于滞后状态。

2.8.6 亚洲、中东和非洲的竞争挑战

从长远角度看,澳大利亚很可能会保持其在亚洲小麦出口市场的主导地位。其毗邻亚洲的地理优势和与亚洲尤其是印度尼西亚的贸易关系有助于保持它的竞争力。预计澳大利亚和美国对北亚市场的激烈竞争仍会维持,美国小麦出口将从北美西海岸发货。

即使在东南亚市场,随着印度的出口顺差日益拉大,澳大利亚也面临来自印度的激烈竞争。印度预测将在未来几年在小麦产量增长和盈余量上创新纪录。

不过目前因为澳印两国出产的小麦种类不同,竞争并没完全展开。印度生产出口的是低质量的饲料级小麦,澳大利亚出口的则是食品级小麦。因为许多亚洲国家包括中国对进口质量有严格法律规定,所以印度市场的植物检疫问题制约了其出口增长。

当然,如果新当选的印度总理纳伦德拉·莫迪能致力于推动实施新的基础设施发展计划,印度将实现粮食供应链的现代化转变并开拓新的出口市场。

近几年,印度的小麦出口市场已经覆盖到了澳大利亚的主要出口地,包括亚洲地区(孟加拉国、韩国和印度尼西亚)以及中东地区(主要是阿联酋和沙特阿拉伯)。

中东地区和非洲的竞争将更加激烈,而黑海地区比起澳大利亚更具有运费成本的竞争优势。因此,澳大利亚谷物集团于 2014 年 7 月对印度五星面粉厂

的 10％股份的收购是一个有助于出口市场的明智策略。因埃及的补贴制度有所改革，埃及未来几年的小麦进口需求预测会有所下降，但是埃及会持续进口高质量小麦，仍是澳大利亚小麦出口的重要目标国。

2.8.7 美国、澳大利亚和加拿大对中国市场的争夺

从 2012 年起，随着中国进口需求的大幅度增加，6 年来出现了第一个生产缺口，向中国市场出口小麦的国际竞争越发激烈。中国的谷物产量不及其消费量，到 2018/2019 年度缺口都会持续拉大。因此填补中国的优质面粉生产需求对于各国都是一个极具吸引力的机会。

从 2006 年到 2012 年，澳大利亚都因其低运费的优势而赶超其主要竞争手（美国和加拿大）。但从 2013 年起美国赶超澳大利亚，占据中国小麦进口的 70％，成为中国的最大小麦进口国，且加拿大的市场分额也有所增长。

美加两国体现出的竞争力和小麦种类丰富的优势满足了中国面粉工厂的需求。例如因为中国人喜食面食（如面条、馒头和饺子等），它们向中国出口的色泽亮白的小麦品种便深受中国消费者喜爱。此外，美加两国为中国客户制定的先进信息系统能提供小麦生产的具体质量和数量数据，为其寻求特定种类小麦提供便利。

因此美加两国在向中国出口优质种类小麦的竞争中夺得头筹。中国面粉厂商认为北美小麦的质量更稳定，而据澳大利亚小麦出口创新中心（AEGIC）报告认为澳大利亚的小麦偏黄且近几年生产滞缓。澳大利亚若想重夺回在中国进口市场的主导地位，则需要加快建立其不同小麦品种的信息提供制度和关注亚洲客户对小麦的品种偏好。

2.8.8 行业风险因素

纵观澳大利亚种植业，行业风险因素主要有以下两点：

- **小麦生产长期增长的制约因素**

由于澳大利亚的农业已经发展成熟，未来产量大幅增长的可能是有限的。有限的土地资源和水资源不再能满足高生产量，从而大大制约了未来几年的产量增长。短期内澳大利亚的农业用地很难得到增长扩大。在过去 20 年中，超过 6 000 万公顷相当于 13％的农田已停产。而农业用地的减少主要是由城市扩张、低土地利用率和有限的水资源导致的。

用水供应也是一大问题。虽然国内人均可用水资源处于相对较高水平，但澳大利亚的农业用水仍然十分紧张缺乏。根据联合国水资源组织预计人均可用水资源从 2010 年到 2030 年将会减少 13.5％，这在各农业领先大国中都算是一个大额的减少量。

- **极端气候**

最大的长期风险预测会存在于极端气候波动中。2008 年 7 月气象局和联邦科学与工业研究组织发布的一个报告预测到因为气候变化，澳大利亚将面临更多干旱，这将大大影响农业生产。

2.9　葡萄酒产业

作为葡萄酒的产地，澳大利亚有着得天独厚的条件。地广人稀（只有两千多万人）意味着澳大利亚的环境及其乡村地区保留了较多的原始状态，相对没有受到破坏。这里的氛围对于生长新鲜洁净的葡萄十分理想，并因此得以产出世界闻名的许多品质优异、果香四溢的葡萄佳酿。

2.9.1　行业基本概况

- **产地**

原产地标志是澳大利亚葡萄酒大区间（Zone）、产区（Region）及亚产区（Subregion）的官方表述方式：

大区间（Zone）：包含一个以上产区的区域可称为大区间。如东南澳（South Eastern Australia），南澳洲（South Australia）。

产区（Region）：葡萄年产量超过 500 吨，超过 5 个种植面积大于 5 公顷的独立葡萄园。种植区域独立，葡萄种植特色明显。如伊顿谷（Eden Valley）。

亚产区（Subregion）：与产区类似，亚产区葡萄种植特色更为鲜明。如高伊顿（High Eden）。

澳大利亚有 65 个葡萄酒产区，2 400 多个葡萄酒工厂和 6 200 个葡萄种植户。澳大利亚的四大产区为：南澳大利亚、新南威尔士州、维多利亚州、西澳大利亚州。

- **主要品种**

现今，澳大利亚种植的葡萄品种超过 100 种，其中最重要的品种有：雷司令（Riesling）；霞多丽（Chardonnay）；赛美蓉（Semillon）；玫瑰香（Muscat）；设拉子（Shiraz）；歌海娜（Grenache）；赤霞珠（Cabernet Sauvignon）；黑比诺（Pinot Noir）。

其他重要的品种有：梅洛（Merlot）；幕尔维德（Mourvedre）；长相思（Sauvignon Blanc）；灰比诺（Pinot Gris）；玛珊（Marsanne）。

最近较受欢迎的地中海品种，虽然种植比例较小但种植量不断增加：维蒙蒂诺（Vermentino）；芭贝拉（Barbera）；桑乔维塞（Sangiovese）；菲亚诺（Fiano）；黑达沃拉（Nero d'Avola）；国产多瑞加（Touriga Nacional）。

· 产量

据澳大利亚葡萄酒商协会，2013 年澳大利亚葡萄酒产量为 183 万吨，为此前 5 年最高，较 2012 年产量增长 10%。同时，葡萄酒价格继 2011 年低点后持续反弹，每吨增长 9%，约 499 澳元，为 2009 年最高值。

红葡萄酒品种产量占总产量的 52%。

· 进出口

澳大利亚是中国瓶装葡萄酒进口第二大来源地，仅次于法国。中国有望在将来超过英国成为澳大利亚葡萄酒的最大消费国。

在澳大利亚，葡萄酒出口商的数量不断增加，目前已有约 1 371 家。其中对中国的出口商已增加到约 931 家。对美国的出口商增加到约 220 家。

2.9.2 行业优势及主要问题

澳大利亚葡萄酒行业的主要优势在于：
- 葡萄品质优良、品种丰富。
- 新旧世界酿造技术融合创新，生产技术先进。
- 法律法规完善、经营环境稳定，且市场化程度高。
- 两国距离比较近，物流成本低。
- 中国是世界上葡萄酒消费增长最快的市场，目前进口葡萄酒在中国市场占比例较低，空间大。中澳自贸协定的签订，可能将进一步简化葡萄酒进口程序。

总体来看，中国市场的巨大需求和潜力是激发中澳葡萄酒贸易和投资合作的主要动力。

澳大利亚葡萄酒行业的主要问题在于：
- 供应过剩，国内需求变化不大。
- 澳元居高不下，出口需求持续减少，中国以外出口市场低迷。
- 零售商话语权提高。
- 市场竞争激烈导致部分酒庄难以获得银行贷款或股权投资，入不敷出甚至濒临破产。
- 大量中国投资者进入，热炒酒庄概念，导致酒庄价格虚高。

根据以上问题分析，澳大利亚葡萄酒行业中小商家比较多，竞争激烈，抵抗市场风险能力弱，已经出现产业整合机遇。

2.10 棉花产业

棉花是世界上种植最广泛的天然纤维，占全球纺织品市场的 31%。相比较而言，羊毛占 3％，其他自然纤维比如丝绸、麻、亚麻和马海毛仅占不到 1％，人造纤维占据全球纺织市场的 60％以上，并且这一比例还在增加。全球的棉花消费在增长，但增长率远低于人造纤维。世界上 100 多个国家都种植棉花，但中国、印度、巴基斯坦、美国、巴西和乌兹别克斯坦贡献了全世界 80％的棉花产量。

2.10.1 行业基本情况

澳大利亚地域辽阔、环境天然健康，具有种植棉花的完美条件，且与世界面料制造市场毗邻。澳大利亚有近 1 500 个棉花农场，每年生产约 900 000 吨棉花。

- **主要产区**

澳大利亚 63％的棉花产于新南威尔州，37％产于昆士兰州。

- **质量**

65％的澳大利亚棉花作物符合棉花基准等级，少于 5％的作物在国际市场上因质量而降价；

21％的澳大利亚棉花作物质量为特级或高级（高于基准等级），在国际市场上因质量上乘而享有高价。

- **产量**

按国际标准来看，澳大利亚每公顷土地上的棉花产量很高，大约是国际平均产量的 3 倍。

平均每年澳大利亚棉可生产足够供 5 亿人穿着的棉花制品。

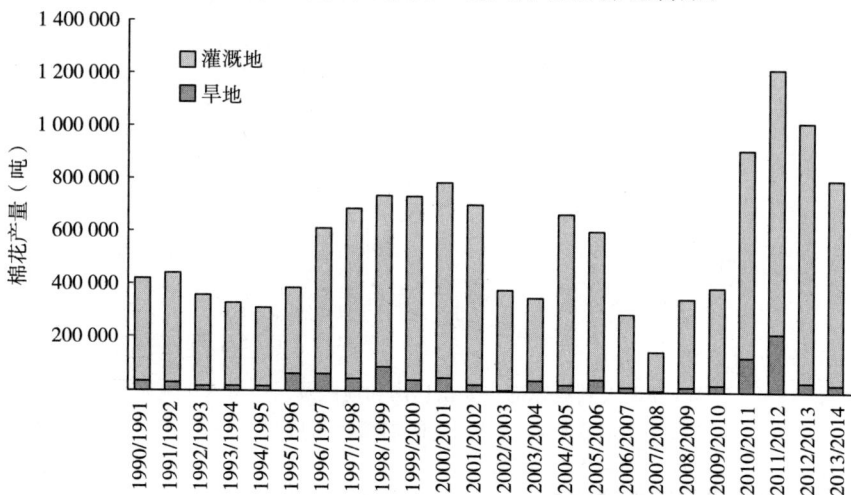

1990—2014 年澳大利亚棉花产量

来源：澳大利亚棉花可持续性报告 2014

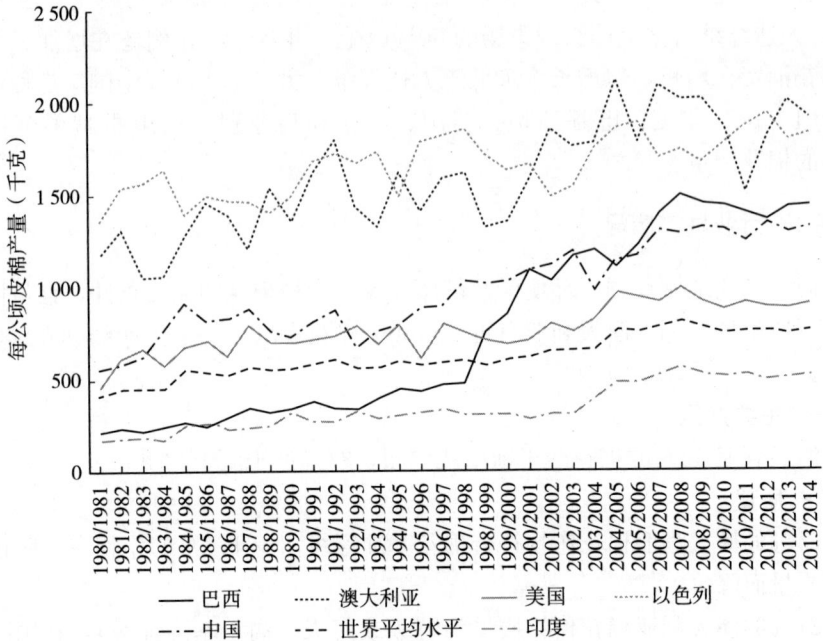

1980—2014 年主要棉花产出口国每公顷皮棉产量

来源：澳大利亚棉花可持续性报告 2014

- **进出口**

澳大利亚生产世界上 3％的棉花，却是世界第三大棉花出口国，仅次于美国和印度。澳大利亚棉花近 100％用于出口，其中 66％销往中国。

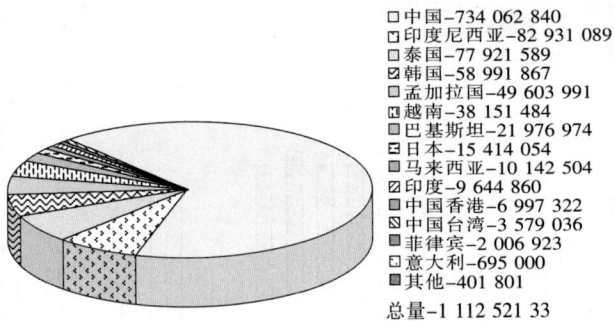

□ 中国－734 062 840
□ 印度尼西亚－82 931 089
□ 泰国－77 921 589
☑ 韩国－58 991 867
▨ 孟加拉国－49 603 991
▨ 越南－38 151 484
□ 巴基斯坦－21 976 974
□ 日本－15 414 054
□ 马来西亚－10 142 504
□ 印度－9 644 860
□ 中国香港－6 997 322
▨ 中国台湾－3 579 036
□ 菲律宾－2 006 923
□ 意大利－695 000
■ 其他－401 801
总量－1 112 521 33

2013 年澳大利亚原棉主要出口国和地区及出口量（千克）

来源：澳大利亚农业资源经济局

2.10.2 行业优势和主要挑战

澳大利亚棉花行业主要优势在于：

- 高品质棉纤维的领先提供商，纤维长度一般为 29～32 毫米，正常年度强度为 30GPT 及以上，依季节变化马克隆值在 3.5～4.9 之间。
- 世界领先的植株培育、现代农耕体系，包括 100% 机械采棉及先进的轧棉技术，使得澳棉成为环锭纺纱及其他纺织工艺都优先选择的棉种。
- 极低污染，近乎零污染。
- 在生产过程中使用越来越少的自然资源。
- 三倍于世界平均产量。
- 对环境更温和、更节水、更少化肥农药、更节约土地。过去 15 年中减少使用 95% 的农药，10 年水资源生产力提高 40%，与 15 年前相比，生产 1 吨棉花所需的土地减少了 30%。

澳大利亚棉花行业面临的主要挑战是：

- 来自目前主导国际纤维市场的人造纤维（特别是聚酯纤维）的竞争，导致棉花份额持续下降。
- 农场利润下降，成本不断增加。
- 自然资源（水和土地）的竞争增加。
- 吸引和留住技术劳动力的挑战。
- 应对气候变化及其对产量的影响。高度多变的天气可能导致干旱或洪水，且这两类极端天气在过去 10 年中都曾发生。

2.11 澳大利亚重点州农业特点[①]

澳大利亚土地资源人均占有量居世界前列，农牧业用地人均占有量为 25 公顷，林地人均占有量为 7.8 公顷，耕地人均占有量为 2.4 公顷。全国可分为 3 个区域，即东部山区（即大分水岭）、中部平原和西部高原区。

根据澳大利亚统计局 2012/2013 年度农业环境和农产品调查发现，农业用地约占国土面积的 52%，达到 3.96 亿公顷，其中天然草场占比超过 86%，达到 3.4 亿公顷，用于农作物生产的仅有 8%，约为 3 200 万公顷。全国有 3 个明显的农业带：一是牧业带，二是小麦、养牛带，三是集约农业带。

澳大利亚各州和领地都拥有独特的行业，为整个农业和食品生产链提供了大量的投资机会。

2.11.1 新南威尔士州（New South Wales）

新南威尔士州的农业主要涵盖了肉牛、羊毛、小麦、干草、苜蓿、燕麦、

---

① 澳大利亚贸易委员会《澳大利亚农业和食品投资机遇》，www.austrade.cn。

大米、玉米、水果、蔬菜、渔业（包括牡蛎养殖）和林业（包括伐木业）。在农业生产方面，该州具备许多天然优势，包括清洁、免受病虫害侵扰的种植环境以及多种不同的土壤类别、地形及气候，因此这里的农业可以生产不同种类的品质高、成本低的原料。该州具有大规模的食品加工业，占澳大利亚食品加工业生产、投资和研发的。

该州也是澳大利亚有名的葡萄酒产区。

虽然澳大利亚最著名的葡萄酒品牌并不在新南威尔士州，但它的葡萄种植业在澳大利亚葡萄酒历史中一直扮演着重要角色。该州的葡萄种植面积和葡萄酒产量增长速度较快。20 世纪 70 年代，该州的葡萄酒产量仅是南澳州（South Australia）的 1/3，随着州内产区的不断发展，这种差距已逐渐缩小。

新南威尔士州最知名且最受赞誉的葡萄酒产区是猎人谷（Hunter Valley，其地理标志为"Hunter"）。该产区最著名的葡萄酒要属干型的猎人谷赛美蓉（Hunter Semillon）了，该酒不采取橡木桶熟成，酸度高，余韵悠长。猎人谷既有历史悠久的大酒庄，也有很多家庭经营的小酒园，虽然出产的葡萄酒数量较少，但却能酿制出高品质的佳酿。

新南威尔士州西南部的中央山脉（Central Ranges）区域，是澳大利亚葡萄酒产业发展最迅速的地区之一。虽然该地区的酿酒历史已经超过 150 年，但它的葡萄种植面积却一直很小。直到 20 世纪 90 年代，该地区的考兰（Cowra）、奥兰治（Orange）和满吉（Mudgee）产区才表现出强劲的发展势头。该地区主要的葡萄品种包括霞多丽（Chardonnay）、西拉（Shiraz）、赤霞珠（Cabernet Sauvignon）和维欧尼（Viognier）等。

堪培拉地区（Canberra District）虽然在行政概念上属于 ACT（Australian Capital Territory，首都行政区），但在葡萄酒产区的范畴内，人们更倾向于将该地区归入新南威尔士州。该地区于 20 世纪 70 年代耕种了首批商用葡萄园，并因一些表现不俗的精品酒庄酒而赢得了声誉。

新南威尔士州的西南部是大河地区（Big Rivers），所产葡萄酒约占全州产量的 75%，该区域也是澳大利亚最多产的葡萄酒区域之一。其中的滨海沿岸（Riverina）产区，每年酿制葡萄酒达数亿升，并以桶装形式出售，是该区域高产量的重要保障。

新南威尔士州是各种农业食品企业的汇聚地，优势产品主要包括谷类、干豆、油籽、食品加工、水果和蔬菜。该州还在以下技术的研究和应用方面处于领先位置，主要包括：功能性食品、纳米技术、新型加工技术（照射、高压加工、低能电子光线加工技术、高压脉冲电场加工技术）、"智能"物流控制和电子商务。

2.11.2 昆士兰州 (Queensland)

该州农牧业资源丰富,机械化程度高,年均农业生产总值超过80亿澳元。昆士兰州气候适宜四季粮蔬种植,是澳最主要的粮蔬生产基地之一。可耕地面积1.44亿公顷(占州土地总面积的83%)。主要农产品是小麦、大麦、高粱、玉米、甘蔗、棉花、花生、莴苣、马铃薯、西红柿等,小麦、高粱年产均超过120万吨。该州有南半球最大的蔗糖生产厂,蔗糖生产和出口占全国总量的95%以上。该州也是澳牲畜主要养殖基地之一,牛肉产量为全澳之冠,罗克汉普顿市素有"澳牛肉之都"的美誉。该州还是澳水果主产地之一,盛产香蕉、柑橘、苹果、菠萝、芒果、鳄梨、葡萄和西瓜等。

该州是澳大利亚最大的牛肉生产和主要的肉类加工基地。昆士兰州还拥有强大的生物技术部门,可以为食品制造提供支持的同时提高食品的营养价值和健康程度。

2.11.3 西澳大利亚州 (Western Australia)

西澳大利亚州拥有一个多样化的、高效的农业部门。这折射出该州多样化的地形,出产优质海鲜、牛肉、谷物、油籽、羊肉和羊毛制品。西澳州能够提供一系列快速增长的出口加工所需要的原材料。这些出口加工产品包括葡萄酒、冰淇淋、大麦芽、面条以及优质皮革。该州还是全球龙虾、明虾和珍珠的主要供应商。

2.11.4 塔斯马尼亚州 (Tasmania)

农业生产多样化,该州的各个地方都分布有肉牛场,中部地区和东南部高原地区以经营羊为主,猪和奶牛的经营集中在北部和西北部地区。每年生产的羊毛超过20 000吨。大约432 800头牛用于产肉,135 800头用于产奶。乳品业是农业生产的重要组成部分,乳制品约占农业产值总数的15%。塔斯马尼亚州生产的一些优良品质的奶酪享有国际声誉。

该州的苹果产量在过去10年中下降到不足60 000吨,但苹果依然是这里的重要作物。蔬菜主要在东北和西北地区进行加工,出产的马铃薯价值约6 000万澳元,约占澳大利亚马铃薯总量的25%,其他作物还包括啤酒花、法国豆、豌豆。该州也致力于发展水产养殖,尤其是持续提高鲑鱼产量。

第三章　中国对澳大利亚农业投资情况

3.1　投资情况概述

中国对澳大利亚的投资正在经历一个结构化的调整：随着国际大宗商品价格的持续回落，中国对澳大利亚投资额最高的项目矿业正在持续萎缩，而房地产、农业则刚刚开始强劲攀升。

根据澳大利亚外国投资审查委员会（Foreign Investment Review Board）近期的报告显示，2014 年以来，中国向澳大利亚农业领域投入 6.32 亿澳元（约合 4.5 亿美元），金额几乎相当于上年的两倍。与此同时，中国对澳大利亚矿产项目的投资减少了 1/3，降至 58.5 亿澳元。

另据澳大利亚外国投资审查委员会（FIRB）2012—2014 年间中国对澳大利亚投资相关数据显示，3 年中国通过审查投资数量分别为 4 750 项、6 100 项和 14 720 项，3 年总计通过审查投资额度为 225 亿澳元[①]。

地产以外投资项目数额，3 年分别为 225 项、300 项和 400 项，3 年总计通过审查投资额度为 368 亿澳元。

在组合投资方面，3 年投资额度分别为 16 亿澳元（26 项）、48 亿澳元（28 项）、28 亿澳元（24 项），3 年总计投资 92 亿澳元。2013 年投资额度为 3 年最高。

整体上，2012—2014 年，各年投资数额分别为 235 亿澳元、269 亿澳元和 423 亿澳元，3 年中国对澳大利亚整体投资总额为 926 亿澳元。

各项数据显示，2014 年中国对澳投资数额有显著提高，2014 年对澳投资总额几乎是 2012 年的两倍。

中国企业对澳大利亚的投资之所以从 2014 年以来迅猛增长，CCGT 认为，主要基于两个原因，一个是 2014 年以来以金属为代表的国际大宗商品大幅下跌，导致中国对澳大利亚的传统投资项目矿业的投资价值受到巨创，投资收益率大幅下跌，有些项目出现巨额亏损，中国对澳大利亚矿产项目的投资减少了 1/3，降至 58.5 亿澳元。在如此情况下，中国投资者把目光从矿业转移到其他行业领域，包括澳大利亚房地产、农业。

还有一个因素是澳大利亚与中国达成的自贸协定，将释放澳大利亚畜牧业

---

① http：//www.basispoint.com.au/news/7th-sept-2015-siv-newsletter/。

出口的潜力。

其实，最近几年来，中国对澳大利亚农业投资都仅仅是零星的项目，增长缓慢。从总体上看，中国对澳大利亚农业投资仍然处于初期阶段，去年仅仅只是一个开始。公众一般认为中国投资者购买了大量澳大利亚农场。但据估算，外国公司在澳大利亚拥有近11.3%的土地，而中国公司可能仅仅拥有不到1%。

同时，据毕马威—悉尼大学数据库对2006年到2013年间高于500万澳元的投资项目统计，中国投资者进入澳大利亚农业领域且有一定规模并已完成的交易大概仅有10例，投资总额仅10亿多澳元。就地理分布而言，2006年到2012年新南威尔士州吸引了将近50%的中国农业投资，昆士兰州紧随其后，达到40%，西澳州和塔斯马尼亚州仅占5%[1]。

澳大利亚仍然只是中国全球农业投资组合的一小部分：据中国全球投资追踪（China Global Investment Tracker）数据库显示，在过去10年中国规模430亿美元的海外农业投资和合约中，澳大利亚只占15亿美元。

中国对澳大利亚农业领域的投资基本呈现以下几个方面的特点[2]：

- **中国对澳大利亚农业投资的动机主要是各类高质量农产品的市场需求**

自2006年9月以来，中国已在以下澳农业子行业中拥有投资记录：第一个是糖，这是中粮集团收购YULLY SUGAR；第二是棉花，代表是山东如意集团收购CUBBIE GROUP LTD.；葡萄酒庄园，代表是天马轴承收购ERN-GROVE；食品物流，代表是光明食品收购MANASSEN。

澳大利亚农业在一些领域具有竞争力，能够提供安全高质量的产品。例如：肉类、乳制品、红酒、蔬菜以及其他品牌加工食品，这些是中国最为感兴趣的产业。

- **中国对澳农业投资尚处于摸索阶段，方式也是试探性的**

一方面，中国投资者在各种农业产业中寻找合作机遇与模式，另一方面，他们正处在必要经验的积累阶段。除了光明和中粮集团这些大的农产品和食品产业外，农业产业中具有海外投资经验的中方投资商数量较为有限。根据毕马威—悉尼大学联合研究数据库显示，10家已投资的中国企业中仅3家此前有农业领域的经营和海外投资的经验。

中国企业投资澳大利亚农业的主要目的包括以下三类：首先是将澳大利亚初级生产和初级加工经营整合并植入产业链。如山东如意、中房集团。其次是获得本土知识经验和知识产权，并且在产业链中寻找实现经营协同效应。如光

①② 　马朝旭主编，《赴澳大利亚投资指南》. 第1版. 北京. 中国商务出版社. 2014年7月：271-273页。

明食品。第三类是实现资本增长与风险分散化，实现集团化企业跨行业的并购投资。

然而，中方投资目前仅集中在食品产业链的低端部分，即所谓的"农业和贸易商"的模式。受季节因素影响，这些产业的风险较高但利润也最高，这也是与前面提到的三个投资目的相一致，首选在中国加工、包装、销售最终产品，以获取最高利润。

- **投资主体主要是私营企业为主**

相比其他国企主导的投资行业，如矿业和能源等，中国对澳大利亚农业投资者主要是私营企业。私营企业投资占到累计投资额的 35％，占到累计投资项目数的 67％。如果包括私营企业小额投资（低于 500 万澳元），中国私企参与投资的程度则可能更高。

- **中方投资者对农业投资是更趋于收购多数股权**

原因之一是，相比矿业和能源项目，小规模的农场资产被视为负担得起的投资。另一个原因是，澳大利亚所有权模式和澳农业劳动力的老龄化。离开农业谋求高薪职业，对澳大利亚"农二代"具有不断上升的吸引力。这种吸引力意味着澳农场主们对维持多数股权的兴趣减少，尤其是中小型农场。

例如 1981 年到 2011 年期间，农场主数量下降了 106 200 人（40％），相当于在此期间平均每月减少 294 名农场主。同时，农场主年龄则上升 9 岁，55 岁以上的农场主所占比例从 26％增加到 47％，35 岁以下农场主所占比例则从 28％下降到 13％[1]。

总体来看，中国对澳大利亚农业的投资目前还是极为谨慎，这一方面是由于中国企业前期在境外由于不熟悉当地政治文化和法律环境，出现许多失误和失败案例；另一方面，农业涉及土地，涉及农民，在任何一个国家，农业都是一个敏感领域，农业往往决定国内的政治博弈态势，有时候还会形成执政党下台，或者政权更替。

比如中国去年对澳大利亚农业投资的井喷效应就引来澳大利亚部分舆论的担忧，作为全球第二大经济体，中国对澳大利亚农业的兴趣已然引发了澳政界反对的声音。不少人担忧，中国政府最终将控制澳大利亚过多土地。澳大利亚农业部长乔伊斯（Barnaby Joyce）曾经就警告一家中国国有企业，不要参与对澳一处土地的潜在收购。

这是由于涉及土地所有权或使用权，涉及众多就业人口，涉及粮食供应和粮食安全，农业领域的收购无论在哪个国家都是一个敏感话题。但澳大利亚部分媒体和政客反对中国公司投资本国农业的理由，其实更多是对于中国情况的

---

① 马朝旭主编，《赴澳大利亚投资指南》. 第 1 版. 北京. 中国商务出版社. 2014 年 7 月：273 页。

不了解或是有意无意的误解。中国投资澳大利亚的公司大多属于私营企业，而澳大利亚某些人士全然无视这一点，戴着有色眼镜看待中国企业，无视中国企业，无论国有还是私营，都遵从市场规则从事经营活动的事实。

中国投资澳大利亚农业领域时，要比投资矿产业时谨慎得多。前几年矿业的投资热潮中，中国投资者在价格高企时投入重金，可后来随着金属价格的下跌以及成本飙升，这些项目却成了赔钱的买卖。

而农业投资者大多更加谨慎，他们通过组建合资企业或是收购股权的方式来换得一部分产量。据澳大利亚的交易撮合商表示，中国投资者力求更好本土化，会让现有的管理者留任，他们既不会全盘收购农场，也不会启动大型农业项目。

目前，中国企业对赴澳开展农业投资热情较高，但同时有一些担心。除了上述反对声音导致中国企业担心通不过澳政府审批，中国企业的担心还包括：农业水土资源开发项目投资回收期过长，环保审批风险大；劳务输出和技术人员派遣受到限制；缺乏有效途径获取澳投资信息。

当然，这一切都是前进中不可避免的挫折，只要两国政府和企业克服，未来前景是广阔的。

3.2　中国对澳大利亚农业重大投资项目

CGGT 根据公开报道及上市公司公告，整理了最近 5 年来中国企业赴澳投资农业的清单。这份清单显示，2014 年以来，中国赴澳投资农业产业呈现快速增长势头。

最近 5 年中国企业赴澳农业投资部分案例

交易时间	投资者	合资者或目标方	交易（投资）金额或持股比例	行业
2011 年 7 月	中粮集团	塔利糖业（Tully）	1.35 亿澳元	糖业
2011 年 8 月	光明食品集团	玛纳森食品公司（Manassen Foods）	5.3 亿澳元（75％股权）	食品
2012 年 10 月	山东如意集团	库比农场（Cubbie Group）	2.3 亿澳元	棉花
2014 年 1 月	光明食品集团子公司玛纳森食品公司（Manassen Foods）	Mundella Foods	5 000 万元人民币	乳制品

（续）

交易时间	投资者	合资者或目标方	交易（投资）金额或持股比例	行业
2014 年 6 月	黑龙江大庄园集团	威韦华氏集团（V&V Walsh）	2 亿澳元	肉类
2014 年 9 月	英祥实业集团	伊丽莎白·道恩斯农场（Elizabeth Downs）	1 150 万澳元	牧业
2014 年 10 月	东方农业公司	Undabrie 农场	3 000 万澳元	牧业
2014 年 11 月	新希望集团、Perich 集团	自由食品集团（Freedom Foods）		乳制品
2014 年 11 月	中国机械工业集团	希望乳制品公司（Hope Dairies）	（占资产 30%）	乳制品
2014 年 12 月	天山生物	明加哈（Minjah）牧场	2 525 万澳元	牧业
2014 年 12 月	天马股份	Balfour Downs 牧场、Wandanya 牧场	1 800 万澳元	牧业
2015 年 2 月	海亮集团	Holymount Station 农场、Mount Driven 农场	4 000 万澳元	牧业
2015 年 2 月	香港长江生命科学集团	麦克威廉酒庄（McWilliam's Wines）	1 570 万澳元	红酒
2015 年 5 月	汕头东风印刷公司子公司澳大利亚 DFP	诺特曼农场（Notman Farm）	810 万澳元	牧业
2015 年 5 月	上海延华生物	拜尔可（Balco）干草公司	1 亿元人民币（控股 75%）	饲料
2015 年 6 月	贝因美	恒天然澳大利亚分厂	3 亿澳元	奶粉
2015 年 7 月	天马股份全资子公司 TBG	Wollogorang 牧场和 Wentworth 牧场	4 700 万澳元	牧业

资料来源：上市公司公告及公开资料 CGGT 整理。

3.3 澳大利亚—中国合作协议影响解读

对澳大利亚农业产业影响最大的中澳间合作协议,当属 2015 年 6 月正式签署的《中澳自由贸易协定》。该协定在内容上涵盖货物、服务、投资等十几个领域,实现了"全面、高质量和利益平衡"的目标,是我国与发达国家迄今已商签的贸易投资自由化整体水平最高的合作协定之一。

在货物领域,双方各有占出口贸易额 85.4% 的产品将在协定生效时立即实现零关税。减税过渡期后,澳大利亚最终实现零关税的税目占比和贸易额占比将达到 100%;中国实现零关税的税目占比和贸易额占比将分别达到 96.8% 和 97%。这大大超过一般自贸协定中 90% 的降税水平。

在服务领域,澳方承诺自协定生效时对中方以负面清单方式开放服务部门,成为世界上首个对中国以负面清单方式作出服务贸易承诺的国家。中方则以正面清单方式向澳方开放服务部门。此外,澳方还在假日工作机制等方面对中方作出专门安排。

在投资领域,双方自协定生效时起将相互给予最惠国待遇;澳方同时将对中国企业赴澳投资降低审查门槛,并作出便利化安排。

除此之外,协定还在包括电子商务、政府采购、知识产权、竞争等"21世纪经贸议题"在内的十几个领域,就推进双方交流合作作了规定。

中澳自贸协定的签署,对澳大利亚农业,对中国企业投资澳大利亚农业是一个千载难逢的机会,中澳双方自自贸协定生效时起将相互给予最惠国待遇;澳方同时将对中国企业赴澳投资降低审查门槛,澳大利亚外国投资审查委员会(FIRB)对来自中国的私人投资在非敏感领域的审查门槛金额从 2.48 亿澳元提升至 10.94 亿澳元。同时,中澳自贸协定包含了对农业用地采用 1 500 万澳元、对农业综合企业权益采用 5 500 万澳元的新设投资门槛。这些新设投资门槛将作为中国投资者对澳农业用地进行投资的安全港,因此,低于门槛值的投资无需获得 FIRB 的许可。

就是在中澳自贸协定签署的背景之下,当地时间 2014 年 11 月 17 日下午,《中澳企业间农业与食品安全百年合作计划谅解备忘录》(该计划简称"ASA100")在澳大利亚首都堪培拉国会大厦成功签署。ASA100 中方联席主席、新希望集团董事长刘永好先生和澳方联席主席、特斯克矿业集团(FMG)董事长安德鲁·弗瑞斯特(Andrew Forrest)先生作为双方代表正式签署该项协议,"ASA100"计划正式启动。

ASA100 旨在建立一个民间的、长期的、稳定的、市场化的中澳农业与食品领域贸易、投资与合作平台,由中澳双方各 30~50 家大型农业产业化集团以及涉农金融机构参与，中方成员包括新希望集团、中粮集团、汇源集团、联想佳沃集团、北大荒集团等。此次签署的谅解备忘录，内容涉及双方合作原则、合作目的、合作内容、合作方式、其他事项等 5 个部分，其中合作内容就增进行业交流、推动农业基础设施投资、促进双方食品安全保障投资等 7 个方面进行了约定。

谅解备忘录确定了双方合作的主要领域：一是在澳大利亚基于环境可持续发展的土地资源开发及作物生产、畜牧业生产及畜产品加工、经济作物产品开发、近海海产养殖及远洋渔业、特色食品加工等领域；二是在中国包括农产品物流与供应链管理、有机农产品生产示范、安全食品生产技术推广、农产品销售等领域。

ASA100 计划的正式启动正是新格局下推动两国农业与食品领域合作的实质性举措，将更好地促进中国农业企业在澳洲的投资，并提高相关投资的针对性、可靠性，降低投资风险，促进中澳在农业双边贸易、农业"走出去"、食品安全保障方面深度合作，也有利于两国农业和食品企业的长足发展，并且能加深两国企业间和人民的了解和友谊，进一步夯实两国友好关系。

第四章 澳大利亚农业投资风险分析

4.1 澳大利亚投资风险的国际评价

澳大利亚是经济发达国家，从政治风险、经济风险、商业环境风险和法律风险4个维度综合来看，澳大利亚民主制度成熟，国家政治制度健全透明。世界各经济组织、风险评价机构对澳大利亚的投资环境都给予相当正面的评级。

中国信用保险公司在其2015年国家风险参考评级中，依然保持其对澳大利亚2014年的风险评级，未来风险展望为：稳定。

4.1.1 经商环境评价

在世界银行和国际金融公司发布的2015年《经商环境报告》中（Doing Business 2015），澳大利亚的经商便利程度在189个国家中，排名第10位，与2014年的排名持平。

世界银行的《经商环境报告》每年更新，针对全球189个国家从10个方面对其经营者遵守一国的法律和行政要求所需的相对时间、成本和难易程度进行衡量。以下内容为澳大利亚2015年在189个国家中排名情况：

设立企业便利程度（第7位，与2014年持平）

获得建设许可便利程度（第19位，与2014年持平）

获得电力供应便利程度（第55位，比2014年下降6位，2014年排名第49位）

财产注册便利程度（第53位，与2014年持平）

获得信贷便利程度（第4位，比2014年下降1位，2014年排名第3位）

投资者保护力度（第71位，比2014年下降1位，2014年排名第70位）

缴税便利程度（第39位，比2014年下降3位，2014年排名第36位）

跨境贸易便利程度（第49位，比2014年下降4位，2014年排名第45位）

执行合同便利程度（第12位，与2014年持平）

破产处理便利程度（第14位，比2014年上升1位，2014排名第15位）

与2014年相比，澳大利亚有1项指标排名得到提升，破产处理便利程度较2014年上升了1位。但是，有5项指标出现下降，其中以获得电力便利程度下降幅度最大，从2014年全球排名第49位下跌了6位，2015年此项指标仅排名第55位。另外，获得信贷便利程度排名下降了1位，保护少数投资者便利程度下降了1位，纳税便利程度下降了3位，跨境贸易便利程度下降了4位。

4.1.2 腐败

在全球范围看来，澳大利亚并不存在严重的贪腐问题。

根据透明国际组织（Transparency International）公布的2014年"全球廉洁指数"（Corruption Perceptions Index，CPI）国家排名，在175个国家中，澳大利亚排名第11位，得分80分（满分100分，得分越高，公共部门腐败程度越低），其所处的亚太地区的平均得分为43分。丹麦（92分）公共部门廉洁程度得分最高，新西兰（91分）排名第二。朝鲜和索马里并列位于末位（得分均为8分）。

根据2013年的该项排名，澳大利亚得分81分，在177个国家中排名第9位。而在2012年的排名中，澳大利亚得分为85分。

【注："全球廉洁指数"由透明国际（Transparency International）编制，该组织整合多个知名研究机构的调查评估报告，反映的是全球各国经商者、学者及风险分析人员对世界各国腐败状况的观察和感受，并对之进行评分和排名】

4.1.3 安全/政治风险

根据《全球2015风险地图》的评估，澳大利亚政治风险为低级，安全风险为低级（来源：化险咨询）。

- **《全球2015风险地图》通过评估以下因素以评价一国政治风险**

国家主体：本国和外国政府、国会、司法和监管部门、中央和地方行政机构、安保力量。

非国家主体：叛乱团体、劳动力群体、活动组织、游说群体、其他公司、有组织犯罪团体和国际组织。

社会和结构性因素：腐败、基础设施、设立和维持正常经营企业的难易程度，以及该国官僚政治和商业经营文化。

影响公司经营的因素包括：司法的不确定性、腐败、名誉损坏、征收和国有化、契约执行的不确定性、国际制裁、官僚主义导致的迟延、契约执行和招投标过程中的偏私，以及活动和抗议的影响。

评级：

基本无：该国的经商政治环境良好。

低：该国政治和公司经营环境总体良好，偶尔出现的和（或）低层级问题并不能显著影响公司经营（澳大利亚）。

中等：尽管企业运营总体环境良好，但是仍然存在显著挑战。

高：该国政治和公司经营因素对公司造成持久而严重的影响。

严重：该国公司经营环境恶劣。

- **《全球 2015 风险地图》通过评估以下因素来评价一国安全风险**

政治极端主义分子、直接行动组织、保安部队、外国军队、叛乱组织、小规模和有组织罪犯、抗议者、劳动者群体、当地社区、土著群体、腐败官员、生意合作伙伴和国内公司管理层和员工。

影响公司的安全风险包括：战争破坏、盗窃、人身伤亡、绑架、财产损失、公司信息失窃、敲诈、欺诈、公司经营失控，由恐怖袭击、恐吓或官方反恐行动造成的公司建筑或重要基础设施受损、无法进入，以及由此造成的营业中断。

评级：

基本无：该国的经商安全环境良好。

低：该国安全环境总体良好，且偶尔出现的和（或）低层级问题并不能显著影响公司经营（澳大利亚）。

中等：该国部分环境安全因素会对公司营业造成影响，这些影响可能是严重的。

高：该国的环境安全因素对公司造成持久而严重的影响，需要该国采取特殊措施。

严重：该国公司经营安全状况恶劣，乃至达到公司无法维持的程度。

4.2　在澳投资的主要风险因素

4.2.1　政治风险

澳大利亚作为一个政治制度稳定的经济发达国家，可以从两个角度评判在澳投资可能遭遇的政治风险，一个是政府的政策法规变化，一个是周边地区资源政策调整。

2015 年 9 月，伴随着政府内阁的更迭，澳大利亚政府对气候、环境政策可能要做出修正。目前，一些加强外国投资审查的措施也在变化进程中。

- **政府的政策法规变化**

澳大利亚自由民主政治制度稳定成熟，政治机构完善、透明，执政党变更平顺，由阿博特领导的自由党—国家党联合政府的支持率从 2015 年早些时候的低谷出现慢慢回升。

2015 年 9 月 15 日，在任仅两年的原总理阿博特（Tony Abbott）被迫下台，澳大利亚原内阁通信部长马尔科姆·特恩布尔（Malcolm Turnbull）宣誓就任澳大利亚新总理。

导致政府更替的原因包括对经济增长的担忧、较高的失业率、气候变化政策问题上的分歧。根据 9 月初公布的数据，澳大利亚去年的经济增长率在 2％左右，低于长期以来 3％～3.25％的年增长率。

有人推测，澳大利亚国内对中澳自贸协定的反对声音是部分自由党成员质疑阿博特领导力的原因之一，尽管阿博特早先成功地达成与日本和韩国的自由贸易协定。

在阿博特任内，他的政策主要集中在通过扩大铁矿石、煤炭和液化天然气三项大宗产品出口来扩大经济增长。仅 2014 年，铁矿石出口占据澳大利亚对中国出口的 56％。中国是澳大利亚在亚洲最重要的贸易伙伴之一。

一些分析认为，中国最近的经济震荡导致对澳大利亚的出口减少，也是澳大利亚经济低迷的主要原因之一。

中澳自由贸易协定于 2015 年 6 月正式签署，该自由贸易协定将大大增加澳大利亚进入中国服务业市场的机遇，同时也将保证澳大利亚 85％的货物出口享有零关税待遇，并且经过几年过渡期后，享受零关税货物的比率将达到95％。但是，工会领导提出了反击，一些工党议员也担心这个协议会对澳大利亚国内工人带来负面的影响。这破坏了该协定的前景。

特恩布尔一直表示支持这个贸易协定。在讲解为什么要挑战阿博特的讲话中，特恩布尔特别提到该协定的重要性，认为该协定是"通向繁荣的基础"。自由党现在期待看到特恩布尔如何在议员们之间构建共识，最终在预计 2015年年底议会审批时能通过这个贸易协定。在年底投票之前，已经成立了一个联合的议会委员会，该委员会将在 10 月中旬发布有关该协定的报告。

此次领导人的变化还被社会上广泛认为可能会在气候政策上出现重大变故。因为特恩布尔和他的前任在这个问题上有长期的分歧。阿博特在其任内通过了全面的气候变化改革，特别是取消了该国很有争议的碳税。此举引发国际社会和厌倦政策不确定性的产业专家们一连串的批评。碳税只维持了两年，是工党 Julia Gillard 担任总理时开始执行的。如果该政策维持不变的话，碳税已经可以在 2015 年转型为碳交易市场了。阿博特设立了一个叫做减排基金的自愿减排机制，通过该机制，政府从事先批准的项目那里购买排放权。这个机制的信贷和购买要素仍然运转，预计明年将有一个保障机制。保障机制在于确保减排基金购买的排放权不会被其他行业增长的排放所抵消。

政府官员说，取消碳税导致了澳大利亚温室气体排放下降。但是统计数据显示的结果则不同，一些能源分析专家和工党立法议员说，国内的排放实际上在增长，季度的政府统计不能完全反映长期的趋势。

2015 年早些时候，澳大利亚向联合国机构提交文件，保证到 2030 年在

2005 年水平基础上排放下降 26％～28％。联合国计划在 2015 年底达成一个协定以替代计划在 2020 年到期的京都议定书，各国提交各自国内的气候行动计划。

特恩布尔上台以后肯定要在气候政策上有所动作，但是预计特恩布尔在一开始的时候不会在这个问题上大动干戈。特恩布尔已经表示对阿博特气候政策的支持。但是分析人士预测，新总理最终将在这个领域做出变化，因为他以前支持碳排放交易机制。分析人士推测，他会在一段时间内慢慢地通过一些修正案来实现变化，以避免失去其党派的支持。

一些专家预计，特恩布尔可能开始仅仅修改有关能效和可再生能源政策，因为碳定价问题是一个颇具争议的问题，2009 年时就是因为这个问题，阿博特把他从自由党党首的位置上赶下去的。预计，特恩布尔将把这些政策作为刺激经济增长、帮助澳大利亚经济复苏的工具，因为这样更可能获得更多自由党议员的支持。预计在明年大选之前，不会提及碳定价的问题。一些气候政策观察人士称，可以理解这需要时间。

2016 年大选，气候变化政策将是重点。2014 年，联盟执政党成功废除有效但却不受欢迎的碳排放税，其中包括排放交易机制和其他工党执政时的气候变化政策。

2015 年 6 月，在和工党协商后，执政党降低了可再生能源目标（RET）计划发电量，2020 年前发电量从 41 000 吉瓦·时/年调整为 33 000 吉瓦·时/年。环境政策将继续成为政治辩论的重要话题，部分原因是 2015 年 12 月将在巴黎举行气候对话，高标准的环境目标很可能得到通过。另一原因是工党承诺，如果赢得选举，将重启碳定价措施，且雄心勃勃地设立 2030 年可再生能源目标（RET）。阿博特对全球变暖模棱两可的态度使联盟执政党在这一话题上极易受到攻击。

联盟执政党正推行工党国家残障保险计划（National Disability Insurance Scheme），医院改革和贡斯基（Gonski）教育补助计划。但是，2014/2015 年度预算中，政府宣布，2016/2017 年度将放缓以上政策资金支持。政府此前似乎要将提高商品及服务税（GST）为上述政策提供资金，作为 2016 年的竞选政策。即便部分州支持，但是执政党缺少反对党支持，缺少政治资本来推行不受欢迎的税收政策，因此这一竞选政策将越来越受到质疑。

2015 年 7 月，执政联盟专门针对年营业额少于 200 万澳元（150 万美元）的小型企业调低企业税 1.5 个百分点，原税率为 30％。2015/2016 年度预算中提及的增加儿童保育资金计划取决于其他领域开支是否削减，该计划能否实现充满不确定性。气候变化政策变动，比如可再生能源目标（RET），目前计划 2020 年之前可再生能源发电量达到 33 000 吉瓦·时/年，增加风电场监管程序等都将破坏可再生能源投资环境，增加长期投资项目成本。

今年 5 月，政府降低了 2015/2016 年财政整顿目标，不再强调"债务和赤字灾难"，仅对财政整顿设立中期目标。不过走出去智库（CCGT）预测，如果经济状况没有进一步恶化，2016—2019 年财政政策将紧缩，以控制政府负债。公共债务从 2007 年占 GDP 的 20.4％上升为 2014 年占 GDP 的 42.4％。2014/2015 年预算的一系列措施，例如削减开支、增加税收、推迟退休年龄等提案，在参议院层面受阻，本届议会通过希望不大。

最新预算修订了 2014/2015 年度和 2015/2016 年度的财政赤字计划，分别扩大为 411 亿澳元和 351 亿澳元。财政盈余目标实现维持在 2019/2020 年度。所得税收入减少，商品价格下降引起公共收入减少，从而导致财政收支平衡情况不佳。

- **周边地区资源政策调整**

在维持与美国密切的政治关系和加强与最大的贸易伙伴——中国的经济往来之间，澳大利亚政府小心地拿捏之间的平衡。

澳大利亚与美国密切的外交关系已经持续几十年，未来还将是外交关系的重中之重。不过，不顾美国的反对，澳大利亚于 2015 年 6 月以创始成员国的身份加入由中国主导的亚洲基础设施投资银行，是亚投行第六大股东。2015—2019 年间上任的政府希望能同时维持与两国密切的外交关系。

2015—2019 年，矿业前景令政府担忧。近期重要出口商品价格下降，且将维持低价，预示着未来矿业投资减少。不过，澳元贬值有利于出口导向型工业。政府不向处于挣扎的制造业提供资金支持，因此 2017 年汽车制造业将遭遇停滞。

总体上，虽然澳大利亚政府对外国投资持开放态度，不断提高自由贸易区水平，但是联邦政府近期修改了农业土地外国投资监管相关政策，将审查标准由 2.52 亿澳元降低至 1 500 万澳元。同时，关于加强农业领域外国投资审查的方案也已提出，建议将审查标准由 2.52 亿澳元降低至 5 500 万澳元。

4.2.2　经济风险

- **经济走势**

2015 年第一季度数据显示，澳大利亚实际 GDP 季度增长率为 0.9％，年度增长率为 2.3％。这一强劲增长由出口和库存推动，且 2015 年剩下月份不可复制。

CGGT 认为澳大利亚经济正经历缓慢的再平衡，限制了增速。虽然全球商品价格降低，产品成本上升使计划中项目延期或取消，矿业和能源开采仍然是重要的经济产业。

固定资产投资总额近几年起到刺激经济的作用，但是 2014 年缩减 2.2%，2015 年将缩减 1.4%，这是由于矿业投资持续缓和，政府基础设施投资计划低于预期。随着商品价格回弹，固定资产总额将于 2019 年逐步重回 3.5% 的增长率，鼓励矿业和液化天然气行业投资。

2015 年薪酬增长缓慢阻碍私人消费增速。但是，房价增长，薪水预计下一阶段将增长，以及几年来较高的家庭储蓄率，将促进 2016—2019 年酌量消费支出增加。未来 5 年，家庭储蓄率将逐渐降低，CGGT 预计澳大利亚私人消费平均年增长率为 2.6%。

中国是澳大利亚最大的出口市场，因此澳大利亚最大的经济扩张风险来源于中国经济增速大幅降低。此外全球商品价格跳水也会影响澳大利亚经济。

- **市场走势**

CGGT 预测，由于国内需求疲软，工资增长缓慢，全球油价下跌，2015 年澳大利亚消费价格指数上涨（consumer price inflation，CPI）将放缓到 1.8%。基于上行风险和下行风险之间的权衡，我们预测，2015—2019 年澳大利亚平均 CPI 上涨的预测为 2.6%。国内经济增长颓弱，油价高于预期的暴跌可能进一步减轻通货膨胀压力。

不过，房地产市场持续强劲扩张，澳元低于预期贬值，可能会导致通货膨胀有轻微上浮，但幅度不会太大。

- **利率走势**

考虑到国内和国际经济增长放缓，澳大利亚 CPI 增长率预期较低。澳央行降低了其主要政策利率，继 2015 年 2 月下调 25 个基点后，5 月份官方现钞利率（OCR）再次下调 25 个基点，为 2%。澳央行表示，不排除再次降低利率，但也意识到这将加剧悉尼房价泡沫。

CGGT 认为，澳大利亚 OCR 将维持不变，除非明确、持续的迹象表明非矿业投资情况好转（最有可能出现在 2016 年下半年）。因此，2019 年前，澳储行都会保持长期紧缩政策。

近期，在低利率情况下，由于给房地产降温采取宏观审慎措施，银行为了房地产投资者和只付息贷款者的利益考虑，于 2015 年 7 月份提高了市场利率。

由于澳央行警惕利率升高后，本国尤其是悉尼高负债受到的影响，2016 年以后的官方现钞利率只能逐步增长。

- **汇率走势**

CGGT 认为澳元将进一步贬值。澳大利亚经济面临多重阻力，包括投资减少，中国需求减缓导致出口疲软，铁矿、煤和液化天然气等商品价格下降。美国经济复苏、美联储可能将于 2015 年年末加息以及 2015 年本国利率降低将进一步压低澳元，预计 2015 年第四季度触底，平均达到 1.40 澳元兑换 1

美元。

CGGT 认为，美国经济的持续复苏，美元上升周期将比较长，至少在 3 年以上，而中国经济也将不能一直维持原有的高增长速度，都将导致全球商品价格长期处于低位震荡或者还将持续下行，CGGT 预计澳元在 2016—2019 年表现也不会太出色。

澳元可以视作中国经济的镜子。2015—2019 年，如果中国实际 GDP 平均增速大大低于政府承诺的 7% 水平，将导致澳元贬值。

4.2.3 人力资源管理风险

在当今全球化的商业和经济环境中，中国企业的影响力已经越来越举足轻重。但是，中国企业在进行全球化的过程中，潜藏的人力资源管理方面的挑战已经成为了这些企业面临的亟待解决的问题。这些问题直接影响了中国企业能否成功地实现国际化和全球化。

CGGT 发起机构——美世咨询公司对在全球化进程中的中国企业展开了深入的调研，了解和挖掘这些企业在这一进程中，在人力资源管理方面遇到的挑战和困难，旨在为这些企业和其他"走出去"的中国企业提供有价值的参考。

"走出去"过程中所面临的关键外部挑战是什么？

问卷调研结果显示：

- 参与调研的中国企业在"走出去"过程中，所面临的关键外部挑战中选择最多的是对当地法律、法规缺乏了解（50.9%）；
- 其次是当地政治风险（47.4%）和当地市场环境欠佳（33.3%）；

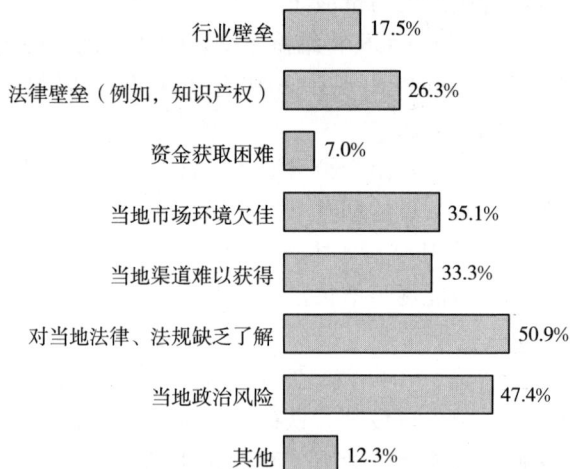

行业壁垒	17.5%
法律壁垒（例如，知识产权）	26.3%
资金获取困难	7.0%
当地市场环境欠佳	35.1%
当地渠道难以获得	33.3%
对当地法律、法规缺乏了解	50.9%
当地政治风险	47.4%
其他	12.3%

"走出去"过程中，所面临的关键外部挑战是什么？（可多选）

- 资金获取困难占比较小，仅 7%。

访谈发现：

- 大部分参与访谈企业表示其面临的外部挑战之一是对当地相关政策法规欠缺了解，例如财税和劳动用工。同时对行业的商业规则缺乏了解，需要学习和适应。

"走出去"过程中所面临的关键内部挑战是什么？

问卷调研结果显示：

- 参与调研企业在"走出去"过程中，所面临的关键内部挑战中，绝大部分企业（77.2%）都认为国际化人才稀缺是关键内部挑战。
- 有 1/3 以上的企业认为文化冲突、国际化战略不清晰和品牌影响力低是关键的内部挑战。
- 只有低于 11% 的企业认为产品或服务质量不合当地标准，以及环境保护不合规范是关键内部挑战，说明当前走出去的中国企业已经不再将这些基础因素看作是走出去的关键挑战。

访谈发现：

- 参与访谈企业普遍认为国际化人才稀缺是企业走出去的关键挑战。
- 品牌知名度较差是另一个较大的挑战。某能源企业表示由于中国企业在国际市场上的品牌效应不足，资源国对我们缺乏足够的了解和信任，导致我们能够参与竞争的平台较小，只在比较落后的国家有竞争优势。
- 另有企业提到文化冲突和全球化运营模式不清晰是较大挑战。

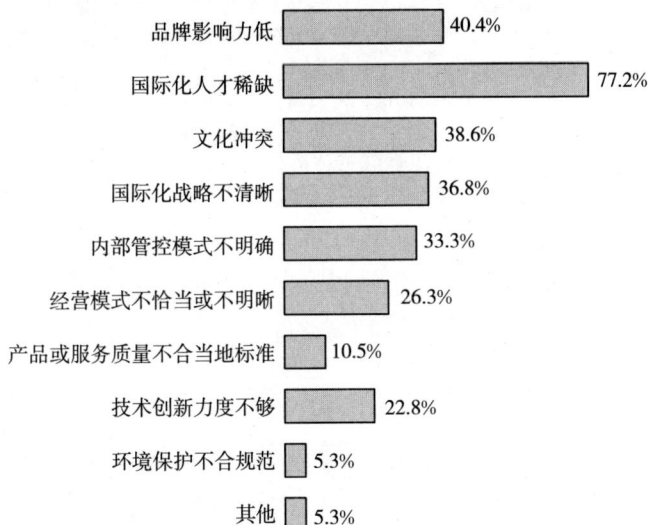

类别	百分比
品牌影响力低	40.4%
国际化人才稀缺	77.2%
文化冲突	38.6%
国际化战略不清晰	36.8%
内部管控模式不明确	33.3%
经营模式不恰当或不明晰	26.3%
产品或服务质量不合当地标准	10.5%
技术创新力度不够	22.8%
环境保护不合规范	5.3%
其他	5.3%

"走出去"过程中，所面临的关键内部挑战是什么？（可多选）

我们可以看出，由于对于国际规则的不熟悉，对投资地的法律、经济、政治、文化等不了解，而自身的风险管理和内部控制的不完善，多种因素的共同作用造成了中国企业"走出去"的投资活动遇到了种种考验。

在一次次走出去的路上，中国企业迅速调整战略，适应国外不断变化的风险因素，对海外投资的风险管理要求提到了一个新的高度，风险管理活动慢慢渗透到了投资活动的各个环节。在企业海外投资的过程中（参见下图），人力资源风险管理贯穿始终。

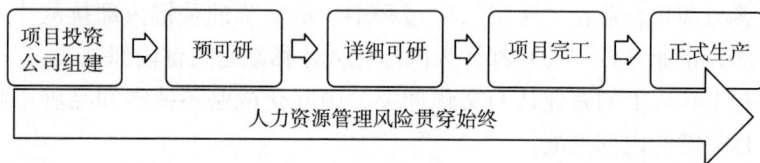

项目投资公司组建	⇨	预可研	⇨	详细可研	⇨	项目完工	⇨	正式生产

人力资源管理风险贯穿始终

海外人力资源管理风险

选得出风险	派得动风险	用得好风险	回得来风险
国际化人才短缺风险 部门业务壁垒风险 国家化人才质量风险 国际化人才储备风险	健康安全风险 • 医疗风险 • 安全风险 雇佣合规风险 • 入境与居住 • 雇佣合同 • 职业健康与安全 • 劳动关系 • 个税 薪酬福利风险 • 当地薪酬福利方案设计 • 控制成本 • 海外机构薪酬体系搭建 个人责任风险 • 直接财产损失 • 个人第三者责任 • 家属第三者责任 职业发展风险	绩效考核风险 • 混日子 • 工作效率低下 • 团队管理混乱 文化冲突风险 • 工作效率减低 • 团队内耗增加 • 破坏组织气氛 • 集团整体绩效管理体系无效 • 外派岗位分布不合理 • 海外公司现行绩效管理体系不匹配 • 外派岗位现行绩效考核实践不科学	人才保留风险 • 提高公司运营成本 • 降低工作质量 • 打击在职员工士气 • 跨文化团队融合更加放缓 • 带走公司机密及客户资源 派遣无效风险 • 成本无效 • 直接影响公司业务推进和发展 • 不良示范

人才	薪酬	福利	管控	HR 运作

从业务角度出发，可将海外人力资源管理分为三阶段，外派前（选得出、派得动）、外派中（用得好）及外派后（回得来），各阶段所面临的主要风险如

上图所示。需要注意的是，随着业务的发展，"外派中"阶段往往伴随着雇佣属地员工，雇佣合规风险管理应同时涵盖外派到当地的中国人及属地雇佣的本地化员工。在澳投资，应着重关注下述雇佣合规风险。

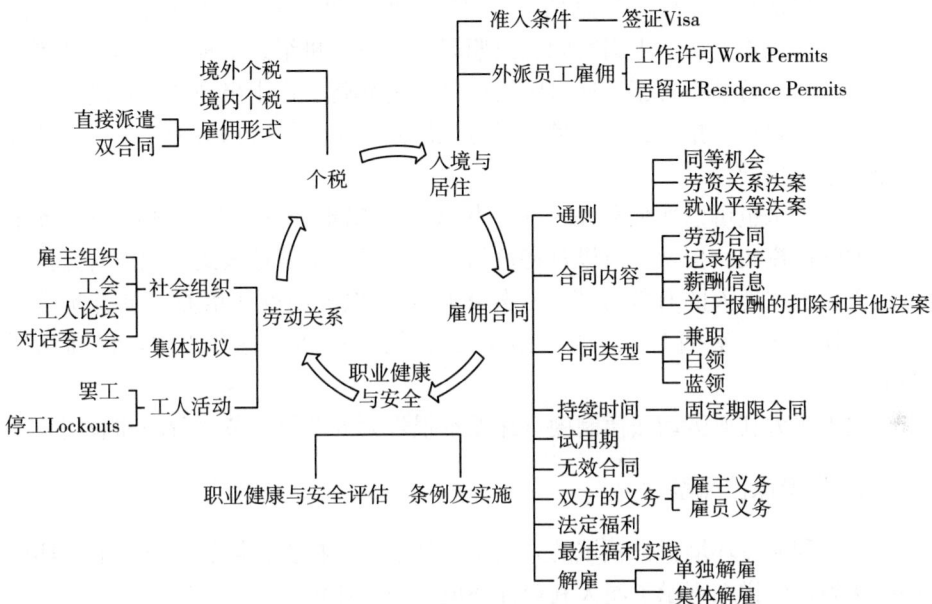

在人才策略方面，农业企业在考虑进入澳大利亚之前应详细考察研究当地的劳动力市场是什么样，企业的人员状况如何。不仅要保证国内机构的人才储备齐全，更要保证海外机构的人员齐全。企业需要以国际化的角度来安排国内和国外各个分公司的人力资源配置情况，包括劳动力的分配和劳动力的成本。

中国农业企业赴澳大利亚投资一定要防范劳动市场风险，澳大利亚的企业及其聘请的员工都受到国家法律制度的约束。澳大利亚的劳动法律制度包括：最低聘用条件、最低薪酬水平、最低工作环境要求、员工的权利与保护、雇主与员工之间解决争端的机制、职业健康和安全保护机制。

中国农业企业去澳大利亚投资，必须雇佣当地员工或者是专业技术人才，企业一方应建立健全企业自身员工属地化管理制度，形成一个包括公开招聘、合同签订、教育培训、岗位责任、劳动定额、薪酬待遇、工资结算、劳动保护、生活管理、文化活动、休息休假合理诉求、违纪处理、解除合同等内容的规范化、标准化、系统化、信息化的管理体系，从而保证员工属地化管理工作持续健康发展。

由于社会环境和意识形态不同，完善外籍员工的管理体系要注重结合属地国家的国情以及制度要求，有针对性地建立和完善员工制度，在工作中切实体现"用制度管人"的原则，把制度尽可能细化到每个管理环节和岗位。

在制度执行过程中，无论中方员工还是外籍员工，都要一视同仁，保证制度的严肃性和公平性。完善考核、考察和奖惩机制，将外籍员工的工作表现与其薪酬、待遇、升迁等结合起来，充分调动属地化员工的工作积极性。

要为属地化员工建立信息档案，包括姓名、身份证号、住址、家庭状况、个人特长、工作经历、上岗时间、离职时间、所属班组、工种、工作表现等多项内容，并进行动态更新。通过聘请律师，定期就工作中出现的问题进行法律咨询，寻找处理依据。另外，借助属地化国家劳工部等机构对劳工工资、清算等业务给予指导。

管理人员也可以雇佣外籍员工，构建"以属地管理人员管理属地劳务工人"的管理模式，探索一条极具特色的海外项目用工管理模式。积极研究探索本地人管理本地人的有效方式，在外籍员工中积极选拔和培养一批忠实于企业、责任心强、有管理能力的人员，通过他们传递信息和思想，提高沟通能力。

关于澳大利亚劳动法律制度，详见本报告第五章第三节《劳动和雇用》。

4.2.4 环境保护风险

澳大利亚在环境保护领域的立法比较健全。本报告在第五章第八节《环境保护法规》中详细列示了澳大利亚针环境保护法律体系。

中国农业企业赴澳大利亚投资时，要高度重视在环境保护领域面临的潜在风险。具体而言，应该关注以下几个环节的问题：

- **对环境产生重大影响的申请的评估和批准**

对于可能对环境有重大影响的开发项目，在澳大利亚都需要申请批准，然而澳大利亚联邦政府，各个州和领地都各有一套制度评估和批准程序。联邦政府的审批机构一般是联邦环境部负责，而州或领地的则由当地的市议会批准，对于某些具有重要影响的开发项目，则由州或领地的政府批准。

如果一些项目需要批准，但是却没有被批准就擅自开发，将可能构成刑事犯罪。

在申请评估时，必须对环境可能造成的潜在影响进行完整的揭示，申请材料一定要完整。相关部门在批准的时候，可能会附带一些条件，这些条件可能会产生大量繁重的义务，但是应该遵守，若无遵守，可能导致刑事责任。

- **对可能造成污染、放射或排放活动的评估及批准**

澳大利亚大部分州和领地都规定，在项目建设前和运营中，对于可能造成污染的活动必须获得批准，比如采矿等等。如果未获得批准，一旦该活动污染空气、水或者发出噪音污染等，都属于违法行为。监管机构将可能采取发出命令、民事处罚、导致高额罚款等处罚措施，严重者可能导致监禁等刑事指控。

　　监管机构在审批的结果上会附带一些条件，比如要求项目方对空气或地下水进行监测，并定期将检测结果上报环评机构。有时候可能会要求项目方更改项目的某些部分，例如，限制工作时间以减少影响居民的噪音和排放等。若项目涉及排放有毒物质，审批机构可能会要求项目方起草如何应对紧急情况的计划书。

- **清除原生植物的评估及批准**

　　大部分州和领地规定，清除原生植物即属违法，除非持有有效的豁免或者获得批准。企业在提出申请时，审批结果可能也会附带条件：比如避免使用特定的环境保护区。

- **管理及分配清理污染的责任**

　　如果土地、土壤或水含有物质的浓度超过自然产生的浓度，并可能对人体健康或任何方面的环境构成损害，该土地、土壤活水被视为已受污染，一般而言，污染的责任首先应由造成污染的人承担。如果无法找到该人，或该人无法清理污染的费用，土地的拥有人或占用人可能承担责任。

　　基于上述原因，在澳大利亚购买、占用土地时，要首先寻求专业机构的帮助，确认这块土地是否已经遭受污染。

第五章　投资澳大利亚农业法律指南

5.1 澳大利亚农业行业重点分行业/农产品法律制度及监管体系

农业领域受澳大利亚联邦政府以及全澳各州政府严格规范。本章节围绕澳大利亚农业行业重点分行业的法律制度展开阐述，并对所涉及的政府监管机构做简要介绍。

5.1.1 分领域/农产品的监管及法律框架

• 农作物、园艺农场

常见农作物有甘蔗、小麦、大麦以及棉籽。澳大利亚也有许多园艺农场，主要种植水果蔬菜。此类农场受各州①以及联邦两级政府立法的监管。

对澳大利亚农业产业而言，澳大利亚农业生物安全部（Department of Agriculture's Biosecurity Australia）（www.agriculture.gov.au/biosecurity）是政府机构中最重要的监管者。其主要职能为对澳大利亚进出口的农业产品进行检查、检疫以及认证。关于小麦出口的规定格外严格，其出口需要特殊的鉴定合格证书。

《园艺行为法典》（Horticulture Code of Conduct）（www.accc.gov.au/business/industry-codes/horticulture-code-of-conduct ♯ the-horticulture-code-of-conduct）自 2007 年生效以来一直是 2010 年《澳大利亚国家竞争和消费者法》（Competition and Consumer Act 2010）项下的强制性产业规范。

此法典要求水果蔬菜的种植者与批发商间的交易保持清楚透明。且种植者和批发商在买卖水果蔬菜时必须遵守此法典。澳大利亚联邦农业部部长于 2015 年 6 月 3 日颁布了对于《园艺行为法典》的修正案，确定其不适用于以下情形：

1. 苗圃产品：包括树木、植物、种子和花；
2. 零售商：零售商为零售而进行的购买行为；
3. 出口商：出口商为出口而进行的购买行为；

---

① "各州"包括：昆士兰州、新南威尔士州、维多利亚州、西澳大利亚州、南澳大利亚州、塔斯马尼亚岛、澳北领地以及澳大利亚首都直辖区。

4. 加工商：加工商为加工而进行的购买行为。

- **禽畜养殖场**

主要生产肉类、奶制品、羊毛等产品的禽畜养殖场受联邦、各州以及地方多项法律法规的规范。除了一些传统领域的法律法规，如食品安全、就业、用水权、环境以及交通运输等，禽畜养殖还应遵守许多十分复杂的建议和出口规定。

活禽出口贸易受到 1997 年《澳大利亚肉类与家畜产业法》（Australian Meat and Livestock Industry Act 1997（Cth））以及 1982 年《澳大利亚出口管制法》（Export Control Act 1982（Cth））下一系列复杂的联邦立法的规范。上述两项法律都由澳大利亚联邦农业部下属的澳大利亚生物安全局管辖实施。

澳大利亚出口肉类检验体系（Australian Export Meat Inspection System, AEMIS）是联邦政府执行的一系列控制办法，以确保澳大利亚肉类及肉制品的安全性、可持续性和完整性。基础 AEMIS 是一套长期监控的卫生和性能标准。澳农业部里的兽医负责活牲畜检查，而肉类检验由肉类食品安全评估人员（Food Safety Meat Assessors，FSMAs）或澳大利亚政府官员（Australian Government Authorities Officers，AAOs）负责。

除了上述有关出口贸易的法律规范，禽畜养殖还受各州动物保护法的规范的制约。牲畜贸易还应遵守州制定的有关动物福利的立法。昆士兰生物安全局（Biosecurity Queensland）（www. daf. qld. gov. au/biosecurity）和澳大利亚防止虐待动物协会 RSPCA（www. rspca. org. au）实施 2001 年《昆士兰州动物关怀与保护法》（Animal Care and Protection Act 2001（Qld）），作为一项动物福利项目。上述两个部门、协会都有权指控违反此《动物保护法案》的人。本法为确保陆路运输的牛的安全，制定了一些特殊规定。

- **水产养殖业**

各州、各地区[①]制定其具体的规范水产养殖业的法律法规。水产养殖业的运行，尤其是那些在公共水域进行的水产养殖，应遵守由下列政府部门监督实施的严格的环境保护法律规范，包括：

- 昆士兰农业与渔业局（Department of Agriculture and Fisheries）（www. daf. qld. gov. au/）。
- 昆士兰环境与遗产保护局（Department of Environment and Heritage Protection）（www. ehp. qld. gov. au/）。
- 昆士兰基础设施、地方政府与规划局（Department of Infrastructure, Local Government and Planning）（www. dilgp. qld. gov. au/）。

---

① 参考澳大利亚地球科学组织。

- 以及昆士兰国家公园、体育以及竞赛局（Department of National Parks，Sport and Racing）（www. nprsr. qld. gov. au/）。

同时，水产养殖业必须遵守《澳大利亚新西兰食品标准法典》（Food Standards Code）（www. foodstandards. gov. au/code/Pages/default. aspx）中严格的食品健康标准①。

- **酿酒业**

澳大利亚酿酒业应遵守一系列的联邦立法和州立法。澳大利亚联邦政府于2013 年出台的《澳大利亚葡萄与葡萄酒管理法》（Australian Grape and Wine Authority Act 2013（Cth））以及联邦政府于 1981 年出台的《澳大利亚葡萄与葡萄酒管理条例》（Australian Grape and Wine Authority Regulations 1981（Cth））都由澳大利亚葡萄酒管理局（Wine Australia）（www. wineaustralia. com）监督实施，此两项法律均规定实施"标签真实性核查计划"和"受保护的地理标志等其他款项的登记制度"。

"标签真实性核查计划"要求酿酒厂在供应链全程记录并保存相关信息，确保产地、品种和出产年份信息有据可查。

根据上述法规，澳大利亚联邦政府征收税款，用于资助销售、酿酒业研发和卫生建档服务。现今，酿酒厂应上缴以下三种联邦税：葡萄研究税、葡萄酒出口税以及酿酒专用葡萄税。

同时，酿酒厂还应遵守《澳大利亚新西兰食品标准法典》（Food Standards Code）。澳大利亚葡萄酒管理局对 1 200 个左右的样品进行化学分析，以保证其符合《澳大利亚新西兰食品标准法典》（www. foodstandards. gov. au/code/Pages/default. aspx）。

昆士兰酒类与博彩管制局（Queensland Office of Liquor and Gaming Regulation）（www. business. qld. gov. au/industry/liquor-gaming）负责签发葡萄酒生产许可证。

- **渔业**

1994 年昆士兰州《渔业管理法》（Fisheries Act 1994（Qld））涉及鱼类栖息地的管理和保护、商业捕捞许可证的管理与签发、鱼类疫病防控和根除以及对水产养殖业的管理。此法的实施由昆士兰农业与渔业局（Queensland Department of Agriculture and Fisheries（Qld））（www. daf. qld. gov. au/）负责。

2009 年昆士兰《可持续发展规划法》（Sustainable Planning Act 2009（Qld））规范了海洋植物清除的许可。2004 年昆士兰《海洋公园法》（Marine

---

① 此食品健康标准由各地方政府监督实施。

Park Act 2004（Qld））则规范了滩涂的取得和利用。

昆士兰《渔业管理法》和 1999 年《澳大利亚联邦环境保护和生物多样性保护法》（Environmental Protection and Biodiversity Conservation Act 1999（Qld））都对某些特殊鱼类作出了进一步规范。这些立法规定了商业性捕捞某些特殊品种的鱼类必须得到许可。

此外，澳大利亚联邦政府还通过澳大利亚渔业管理局（Australian Fisheries Management Authority）（www.afma.gov.au）严厉打击非法捕捞。

- **食品监管**

在国家立法层面上，澳大利亚食物标准遵循《澳大利亚新西兰食品标准法典》①。这一标准由澳新食品标准局（FSANZ）制定。

这一标准是澳大利亚、新西兰食物标准准则，分为 4 个主要领域：标识、组合、食物处理和初级产品生产和处理。其中，标识和组合标准普遍适用于新西兰和澳大利亚。进口食物，食物处理和初级产品生产，仅适用标识和组合规定。这一准则结合了自主研发标准、美国 CFR 要求和国际食品法典委员会规则。

尽管澳新食品标准局是这一标准的制定机构，它并不具有执行功能。执行之一标准的职责归属于澳大利亚各州和领地相关机构（进口食品则由农业部负责）。

昆士兰安全食品生产局（www.safefood.qld.gov.au/index.php）监管基础产业的生产、加工过程，监管卫生标准的实施，对农产品及其食品安全进行认证，并且监督实施 2006 年颁布的《昆士兰州食品法》（Food Act 2006）。

《澳大利亚消费者法》（Australian Consumer Law）进一步规范了有关利用"有机"或"澳大利亚制造"来误导、欺骗消费者的行为②。

- **农药和兽药**

澳大利亚联邦政府于 1994 年出台的《农用和兽用化学品法典法案》（Agricultural and Veterinary Chemicals Code Act 1994）规范了农业化学品的使用，此法目的在于保护人类、动物以及环境不受农药等化学物质的侵害。该法由澳大利亚农药和兽药管理局（Australian Pesticides and Veterinary Medicines Authority，APVMA）（www.apvma.gov.au）监督实施。

- **生物安全与检疫**

昆士兰生物安全局（Biosecurity Queensland）（www.daf.qld.gov.au/bi-

---

① 《澳大利亚新西兰食品标准法典》www.foodstandards.gov.au/code/Pages/default.aspx。

② 《澳大利亚消费者法》第 18 条第 2 款禁止虚假使用"有机"或"澳洲制造"的字样。并且，有机产品受《国家有机及生物动力产品标准》（www.agriculture.gov.au/SiteCollectionDocuments/aqis/exporting/food/organic/national-standard-edition-3-5.pdf）的进一步规范，此标准规范了供应国内市场的以及用于出口的"有机"食品的标签。国内市场上的标准是自愿遵守的，但其并不预示着更高的消费者期待。

osecurity) 和澳大利亚生物安全局 (Biosecurity Australia) (www. agricul-ture. gov. au/biosecurity) 共同负责出口贸易和跨洲交易中的动植物的检疫工作。

1908 年《澳大利亚联邦检疫法》(Quarantine Act 1908) 优先于各州立法机关制定的具体检疫措施。

- **贸易规范**

澳大利亚小麦出口受 2008 年《澳大利亚联邦小麦出口市场管理法案》(Wheat Export Marketing Act 2008) 的严格规定。此法的实施由澳大利亚粮食出口协会 (Australian Grain Export) (www. australiangrainexport. com. au) 负责。任何小麦出口商都必须根据 2008 年小麦出口认定计划进行认证。

- **雇用交通运输**

农用运输车应在昆士兰交通与主要道路局 (Department of Transport and Main Roads) (www. tmr. qld. gov. au) 完成登记。

- **国家畜产品识别追溯系统**（NLIS）

昆士兰州农业局负责根据 NLIS 审查畜产品的运输。其安排了许多保障措施，以保证畜产品可以被识别、追溯，动物在运输过程中不被虐待以及防止害虫和病毒的传播。

5.1.2　农业领域主要政府监管部门

澳大利亚农业产业的监管者分为两个层级，联邦政府和各州、领地级政府。这些监管机构在各自管辖范围内行使监管职责。

下面列示了两级政府的众多监管主体。

- **澳大利亚联邦政府**
- 农业部 (Department of Agriculture)(http：//www. agriculture. gov. au)。
- 澳大利亚贸易委员会 (Australian Trade Commission (AusTrade))(http：//www. austrade. gov. au)。
- 澳大利亚外国投资审查委员会 (Foreign Investment Review Board (FIRB)) (http：//www. firb. gov. au)。
- 环境部 (Department of the Environment)(http：//www. environment. gov. au)。
- 基础设施与区域发展部 (Department of Infrastructure and Regional Development) (https：//infrastructure. gov. au)。
- 澳大利亚竞争与消费者委员会 (Australian Competition and Consumer Commission (ACCC)) (www. accc. gov. au)。

- **昆士兰州**
- 农业与渔业局（Department of Agriculture and Fisheries）（https：// www. daf. qld. gov. au）。
- 环境与遗产保护局（Department of Environment and Heritage Protection）（https：//www. ehp. qld. gov. au）。
- 基础设施、地方政府与规划局（Department of Infrastructure，Local Government and Planning）（www. dilgp. qld. gov. au/）。
- 昆士兰州发展局（Department of State Development）（http：//www. statedevelopment. qld. gov. au）。
- **新南威尔州**
- 基础产业局（Department of Primary Industries）（www. dpi. nsw. gov. au/agriculture）。
- 环境和遗产局（Office of Environment and Heritage）（www. environment. nsw. gov. au）。
- 基建局（Infrastructure NSW）（www. infrastructure. nsw. gov. au）。
- 规划与环境局（Department of Planning and Environment）（www. planning. nsw. gov. au）。
- **维多利亚州**
- 经济发展、就业、交通与资源局（Department of Economic Development，Jobs，Transport and Resources）（www. economicdevelopment. vic. gov. au）。
- 环境、土地、水与规划局（Department of Environment，Land，Water and Planning）（www. delwp. vic. gov. au）。
- 交通、规划和地方基础设施管理局（Department of Transport，Planning and Local Infrastructure）（www. dtpli. vic. gov. au）。
- **南澳大利亚州**
- 基础产业和地区管理局（Primary Industries and Regions SA）（www. pir. sa. gov. au）。
- 环境、水与自然资源局（Department of Environment，Water and Natural Resources）（www. environment. sa. gov. au）。
- 规划、交通与基础设施局（Department of Planning，Transport and Infrastructure）（www. dpti. sa. gov. au）。
- **西澳大利亚州**
- 农业与食品局（Department of Agriculture and Food）（www. agric. wa. gov. au）。

- 环境与保护局（Department of Environment and Conservation）（www. dec. wa. gov. au）。
- 规划局（Department of Planning）（www. planning. wa. gov. au）。
- **塔斯马尼亚岛**
- 基础产业、公园、水与环境局（Department of Primary Industries，Parks，Water and Environment）（www. dpipwe. tas. gov. au/agriculture）。
- 塔斯马尼亚州发展部（Department of State Growth）（www. state-growth. tas. gov. au/）。

5.2 澳大利亚外国投资审批制度及流程

整体上，澳大利亚外国投资制度由澳大利亚联邦政府监管。其中，联邦国库部（the Treasury）在外国投资审查委员会（FIRB）的辅助下主要履行监管职责。

澳大利亚外国投资审查委员会（FIRB）于 1976 年设立，是澳大利亚国库部下属机构，旨在为澳大利亚国库部长和澳大利亚联邦政府提供外国投资政策咨询。

FIRB 的职能在于：评估外国投资者提交的投资方案，并就该方案是否符合澳大利亚政府政策和 1975 年澳大利亚联邦《外国收购与接管法》（FATA）向财政部长提供意见；该委员会为政府在制定有关未来外国投资者和潜在投资者的政策方面提供相关信息。

5.2.1 主要监管法规

澳大利亚外国投资制度包含两个层面：法律和政府政策。两者对外国投资者而言都非常重要。

- 1975 年《外国收购与接管法》（FATA）。
- 1989 年《外国收购与接管法规定》。
- 1975 年《外国收购与接管法（通知）规定》。
- 澳大利亚外国投资政策（澳大利亚国库部决定，尽管没有法律效力，但澳大利亚政府认为这类政策是有约束力的。实践中，大多数外国投资者都将其当做法律来遵守）。

更多监管政策，详见 www. firb. gov. au。

此外，特别制度存在于以下情形：

- 外国政府和相关主体，包括主权财富基金。
- 来自同澳大利亚签署自贸协定国家的投资者。
- 其他。

5.2.2 外国投资审查制度：概况

按照规定，以上提及的相关法律法规和政策，主要由联邦国库部（或其代表机构）执行。但实践中，大多数情况下，执行工作由外国投资审查委员会及其在各州和领地的政府相应部门实施。

根据 FATA 的要求，国库部长（或代表）对外国投资进行个案分析，以确定其是否违背国家利益。国库部长可能阻止外国投资提案或对其适用有条件的批准。审查时，会将外国投资审查委员会和相关州部门的建议纳入考虑。针对外国投资方，澳大利亚就 FATA 的适用范围、需要提前申报的投资类别和信息提供了详细的指南。

所有外国政府对澳大利亚的"直接投资"（无论投资额或行业），设立新企业、获得土地权益，都需要通过外国投资审查。外国政府和相关主体包括：

- 外国国家或各级政府的政治主体，或这类主体的部分，例如：州或省。
- 政府、其机构或其相关主体合计占有超过 15% 权益的公司或其他实体。
- 受外国政府、其机构或其相关主体控制的公司或其他实体。

由此，澳大利亚外国投资规定将国有企业和主权财富基金视为外国政府主体，而非私营企业。但以上仅为指南，目前并没有明确的关于外国政府主体的定义。

在澳大利亚外国投资制度下，外国人主要包括[①]：

- 非澳大利亚常住居民的自然人。
- 由非澳大利亚常住居民的自然人或外国公司持有控制利益的公司。
- 由两位或多人合计持有控制权益的公司，并且，其中每一个控股人或者是非澳大利亚常住居民的自然人，或者是一家外国公司。
- 由非澳大利亚常住居民的自然人或外国公司持有控制权益的信托财产受托人。
- 由两位或多人合计持有实质性权益的信托机构的受托人，并且，其中每一个控股人或者是非澳大利亚常住居民的自然人，或者是一家外国公司的信托财产受托人。

澳大利亚外国投资政策认为，直接投资是指对一项或多项资产设立持久权益，或同目标企业建立长期战略关系。政策认为，依据国际惯例，通常获取 10% 或以上权益都被认定为直接投资。但如果在 10% 以下时，若收购方外国政府或相关主体能利用该投资影响或控制目标主体，则同样需要申报。特别是如下情形：

---

① 来自澳大利亚外国投资审查委员会（FIRB）规定介绍。

- 优先/特别/否决投票权。
- 有委派董事的权利。
- 存在贷款、服务条款和包销协议之类的合同。

整体上，如果在对价值超过 2.52 亿澳元的澳大利亚商业收购中拟定收购"实质性权益"，或获得控制权（例如，收购资产），非政府外国投资者必须申报外国投资审批。澳大利亚商业主体还包括拥有澳大利亚子公司或资产总额超过 2.52 亿澳元的海外公司。更高的申报标准适用于美国、新西兰、智利、日本、韩国和中国（10.94 亿澳元，针对特定敏感行业该数额为 2.52 亿澳元）的投资者。以上标准会在每年 1 月随通胀进行调整。

受澳大利亚外国投资审批制度监管的主要五类外国投资，包括：

- 收购澳大利亚公司股份。
- 收购澳大利亚商业利益。
- 涉及澳大利亚公司董事会的安排。
- 涉及澳大利亚商业控制的安排。
- 收购澳大利亚城市土地利益。

5.2.3 农业领域外国投资审查制度

澳大利亚约 60％农业生产总值来自出口，以粮食、肉类、水果和蔬菜、奶制品、加工食品和活体动物为主。从运营数量来看，家庭所有和经营的农业占澳大利亚农业的大部分。然而，近年来，越来越多外国投资和农业整合进入澳大利亚，产生了越来越多的大型、规模经济的主体。联营机构同样致力于实现规模经济，这类架构主体也获得了政府的支持。

澳大利亚鼓励外国投资的前提是，其收购交易符合国家利益。联邦政府近期修改了农业土地外国投资监管相关政策，将审查标准由 2.52 亿澳元降低至 1 500 万澳元。同时，关于加强农业领域外国投资审查的方案也已提出，建议将审查标准由 2.52 亿澳元降低至 5 500 万澳元。整体而言，澳大利亚政府持续大力支持境外资本投资进入澳大利亚农业领域。

澳大利亚已加入的农业相关国际组织有，世贸组织（WTO）、联合国粮农组织（FAO）、国际植物保护公约（IPPC）、世界动物卫生组织（OIE）。

5.2.4 最新农业政策（特别是转基因作物和新型作物栽培技术）

澳大利亚政府有联邦、州和地方三个级别。宪法赋予联邦政府特殊权利，比如针对外交事务、国防、税务、贸易和检疫事务进行立法。而各州则拥有对包含健康、教育、自然资源、公路、法律和秩序在内的大量立法权。地方政府的权利由州法律赋予，负责包括土地使用、规划、废物和食物零售许可等事务。

严格来说，尽管州政府大量资金来自联邦政府并因此受到一定影响，但无需对联邦政府负责。两级政府均有立法权，当两者制定的法律冲突时，以联邦政府制定法律为准。

农业和房地产事务主要由州政府负责，投资者需要考虑各州政府的农业政策，也需要考虑联邦政府的农业政策。

联邦政策

主要关注农产品进出口、检疫和生物安全的研究和竞争。联邦政策的关键在于提供额外足够的农业研究资金，来支持出口并加强澳大利亚生物安全和检疫能力。

州政府政策

州政府政策更关注具体行业领域，不同州针对生物技术、生物多样性和其他农业政策规定有所不同。以转基因生物许可为例，2003 年部分州以暂停立法来推迟转基因双低油菜的商业运作。但目前，这类暂停立法已在大部分州解除，仅塔斯马尼亚州和南澳大利亚州仍在实行。2014 年，塔斯马尼亚州无限期中止转基因作物在该州商业化推出；南澳大利亚州则对转基因粮食作物的暂停立法延期至 2019 年。

5.3　农业收购法律规定

5.3.1　一般收购规定

澳大利亚外国投资政策包含了对外国投资澳大利亚农业的具体政策考虑。政策对农地收购和农业企业收购作出了区分：

- 农地：外国非政府投资者购买农地使得投资者及相关主体拥有的累计农地价值超过 1 500 万澳元的，需要进行申报。
- 农业企业：目前，农业企业收购与对澳大利亚其他行业公司的收购或资产收购相同，适用此前提及的申报标准。但针对降低至 5 500 万澳元的提案正在讨论中。

基于同美国、新西兰和智利的自由贸易协定，这类对于农地和农业企业更低的标准不适用于来自这些国家的外国个人，2.52 亿澳元的一般性收购门槛仍适用。

澳大利亚政府评估针对农业领域的外国投资申请时，主要考虑提议投资对下列方面的影响[1]：

---

① 来自澳大利亚外国投资审查委员会（FIRB）规定介绍。

- 澳大利亚的农业资源（包括水资源）的质量和可用性。
- 土地的取用。
- 农业产量和生产力。
- 澳大利亚向社区和贸易伙伴提供持续可靠农业生产的能力。
- 生物多样性。
- 澳大利亚本地和地区性社区的就业和繁荣。

基于这些原则，政府致力于基于个案情况确保投资不会对澳大利亚全国的农业资源，包括其对澳大利亚的经济、社会和环境产生不利影响。

此外，为了更加准确地了解外国主体对澳大利亚农地的所有权拥有情况，联邦政府还建立并执行农地外国所有权登记制度。政府已经宣布其立法计划，法律将规定从 2015 年 7 月 1 日起，持有农业用地权益的外国人和外国政府投资者必须向澳大利亚税务局登记（不论土地的价值是多少）。所有现有外国持有者必须在 2015 年 12 月 31 日或之前登记，而任何新权益必须在 30 天之内登记①。

降低澳大利亚农业企业收购标准的争议反映了较其他部门相比农业领域外资投资更具敏感性，既有公众舆论反对外国公司购买澳大利亚农田从事种植和畜禽养殖的声音，也体现了当地民众对澳大利亚农业正不断融入全球一体化的现实认识。设立一项更低的标准肯定其敏感性，也是为了保证外国投资澳大利亚农业的透明性和政府对其有效监管的政策手段。

5.3.2　农业用地收购（所有权/使用权的出售和转让）

• 农业用地权收购法律法规

澳大利亚各州和领地相关法律有所不同，以下以新南威尔士州为例，重点讨论新南威尔士州的法律。

大部分情形下，澳大利亚农地所有权和使用权收购法律和一般土地所有权和使用权的收购相同。然而，有些形式的土地权益更常用于农业目的，例如地役权和林权。

地役权

是一项从他人拥有的土地获得部分土地或构成土地的土壤、泥土或岩石上自然产出的权利。比如，放牧、种植和收获农作物、采集石料、沙或碎石、或采集木料。

林权

林权也是地役权的一种形式，用于促进栽植工程项目发展，特别是商用木

---

①　来自澳大利亚外国投资审查委员会（FIRB）规定介绍。

材生产或碳封存。据新南威尔士州 1919 年《产权转让法案》第 87A 条规定，林权所有权人有权：

- 进入土地。
- 在该土地上种植、维护和收获树木。
- 修建和使用为种植、维护和收获树木所必要或提供便利的建筑、工厂和设备。

水权

澳大利亚水资源很稀少，为了有效使用及降低水权过度分配带来的风险，澳大利亚大部分州和领地制定了严格的获得和使用水资源的监管法律。此外，大部分州和领地在土地之外单独设立了水权所有权和水资源权益。因此，进行农地交易的个人，应当认真考虑交易涉及土地的水权以及是否需要对水权进行单独交易作出细致判断。

新南威尔士州大部分地区的水权益属于个人财产，并且可以独立于土地进行交易和证券化。

昆士兰州政府根据 2000 年昆士兰《水资源法》（Water Act 2000（Qld））管理涉及取用水的法定水权。从水坝建设到河溪泵水设施的建设与使用均须征得昆士兰州政府的许可。特别注意的是，从河溪中泵水的权利有别于使用此水的权利。

水权还受一系列私人法律文书的规范，包括产权证和合同。

水资源分配须经昆士兰水资源分配登记处[①]进行登记。

澳大利亚设有国内用水权市场，用水权可以在这个市场上进行买卖。可交易的水权包括用水权和水分配权。可进行交易的主体包括农作物种植者和灌溉者。

- **对外国主体收购农地的法律限制**

在澳大利亚，法律对外国投资者收购土地的限制，仅存在于所有目标农地并仅用于初级生产业务的情形。依据 1997 年《所得税评定法》（Income Tax Assessment Act 1997），初级生产业务是指基于土地利用的产品、畜牧和耕种、园艺、渔业、林业、葡萄种植或乳品业，不包括休闲农庄、农村住宅街区或用于采矿或代人放牧的土地。值得注意的是，当符合农业初级生产业务定义的农地附带其他类型土地时，不影响其定义。如，农场中的住宅或附属的处于自然保护命令下的土地。此外，当土地出手前已经不存在农业初级生产，该土地则属于 1975 年《外国收购与接管法》（FATA）规定的城市土地并受相应法规约束。

---

① 来源：www. business. qld. gov. au/industry/water/managing-accessing/markets-trading/register。

根据澳大利亚外国投资审查委员会（FIRB）的规定，当农村土地用于初级生产时，如果外国主体（或任何关联方）在购买农地权益后拥有或收购后可能拥有的相关土地权益整体价值超过 1 500 万澳元，则该外国主体需要通过 FIRB 的批准。然而，有些国家适用不同的标准：

- 新西兰、智利和美国的投资者收购资产总值超过 10.94 亿澳元。
- 泰国和新加坡投资者在收购资产总值超过 5 000 万澳元。

尽管这一审批制度近期有所修订，但目前仍在审查中，因此可能会有进一步变化。

某些情况下，外国主体对水权的大规模收购可能需要 FIRB 的批准。

通过以下方式收购农村土地权益不需要外国投资审批：

- 根据遗嘱或法律而实施的转让。
- 来自政府（联邦、各州或各领地、或地方）或者出于公共目的而成立的法定公司。
- 纯粹当作抵押品持有，或者以执行担保权益方式令借款协议得以生效。

- **农地出售或购买的强制性投标或事前申报程序**

澳大利亚联邦没有关于农地出售或购买的强制性投标或事前申报程序的规定。新南威尔士州 1993 年《地方政府法案》第 55（3）（d）条特别规定，该法案中地方市政委员会一般的投标要求和管理规定不适用于该委员会的土地出售。然而，通常会对政府机关出售土地或转让政府机关拥有的土地权益进行控制，无论是否为农业用地。以新南威尔士州为例：

- 新南威尔士州 1993 年《地方政府法案》规定，该法案下的"社区土地"在出售之前应当被重新分类为"运营土地"。
- 依据新南威尔士州 1901 年《西部土地法案》，大部分新南威尔士州西部地区土地属于王室土地，大部分处于长期租约下（"畜牧租约"），用于放牧、农耕和混合农业。签订和转让这类租约以及其他形式的控制交易，需要获得部长级审批。

- **农地出租或使用的最长期限**

通常，租期可按当事人约定的固定年限确定。但是，在租约需要当地土地权证登记时，由于各州及领地规定不同，当事人需要遵守相关各州及领地的租约注册要求。这类要求中，通常包含了一定的对租期的限制。此外，还有特殊法定监管规定。以新南威尔士州为例：

- 1990 年《农业租借法案》管辖农地所有人、租户以及与农地工人共享收益的所有人之间的租赁安排。然而，该法案并未明确农地租约的最长期限。
- 西部土地租约可以约定永久或不超过 40 年的租期（1901 年《西部土地

法案》第 28A 条），此外，可以进一步延长不超过 40 年的租期（第 28B 条）。

- 王室土地租期可达 100 年（1989 年《王室土地法案》第 34 条和第 41 条）。
- 大部分州和领地对部分土地的租期有约束。新南威尔士州规定的期限通常为 5 年（1919 年《产权转让法案》第 23F 条）。
- 部分州和领地允许转让取水权下特定年度水权分配。通常，转让分配权不得超过 1 年。
- 1919 年《产权转让法案》规定，在超过 200 年租约仍在履行且符合其余各种条件的情况下，超过 300 年租期的租约可以转换成租赁方的永久产权。

- **政府征收农地的情形**

澳大利亚联邦州府对此有立法规定，大多州和领地有专门的政府机构负责通过强制程序征收各类土地。通常，政府征收需要符合特定目的，如铁路机关征收需用于铁路建设。此外，部分情况下，征收需要通过部长级的审批。所有法律均对政府征收作出了特别程序规定。

澳大利亚宪法要求，任何联邦政府征收财产都必须"在公正合理的条件下"。相关联邦、州和领地关于征收的立法均对征收补偿（通常高于所征收土地的市场价值）作出了规定。

水权同样可以被政府强制征用。在此情况下，被征收一方有权按照水权市场价值获得补偿。在新南威尔士州，只有在特定的情形下，由于公共利益需要强制获得特定水权时，政府才可实行强制性征用水权。

- **适用于土地所有权/使用权出售或转让的税种**

主要有：

- 商品和服务税（GST）（目前为 10％）。
- 资本利得税（针对企业，目前为 30％）（联邦级）。
- 印花税和土地税（不同州和领地规定的税率不同）。

- **为获得澳大利亚国内资金对农地权益进行抵押或质押的程序**

通常，农业综合企业贷款被视为资产贷款而非现金流贷款，重点在担保价值。银行可能加入财务承诺和实际现金流而非预期现金流的要求，通常都需要资产担保。典型的担保种类包括：

- 土地抵押。
- 普通抵押契约（构成对所有商业资产的担保，和衡平法中的押记类似）。

此外，常用的还有粮食、牲畜和水权的担保。

澳大利亚《个人财产担保法案》（Personal Property Securities Act）及其

登记机构，除了土地和部分水权，还对所有个人关于农业经营资产（包括作物）担保的设立、优先权以及履行进行监管。这一体制下，注册是必须的，优先权通常由注册时间顺序决定。某些担保（特别是农作物和牲畜等担保）可能会由于满足特定条件以及通过特定登记，而获得高度优先权。

- **其他**

此外，澳大利亚没有关于政府出售农地最低出售价格的法律规定，也不存在为投资或外国投资特别设立的农业园或绿色产业园。

5.4 劳动和雇佣

澳大利亚拥有亚太地区成熟的劳动力市场。澳大利亚的劳动力主要集中在维多利亚州和新南威尔士州。近年来，随着产业迁移，西澳大利亚州和昆士兰州迎来越来越多的国内迁移人口。

一般而言，就业细则都由雇主和雇员间签订的劳动合同来确定。然而，有些根本性规范由联邦政府和昆士兰州政府确定。大多数澳大利亚的企业及其聘请的员工都受国家法律制度的约束。这套制度规定了：

- 最低聘用条件。
- 员工的权利与保护，包括参加工会及由工会代表的权利。
- 与工会及其成员组织的权利。
- 相关的雇主的权利与保护。
- 协商与解决分歧的框架。

2006 年，澳大利亚政府建立了一个全国性的就业系统，覆盖私有行业的所有公司。大多数州政府还通过法律方式，令上述系统覆盖至合作或者个体经营企业。这意味着绝大多数企业与员工之间的劳资关系受 2009 年出台的《公平就业法》（Fair Work Act 2009）约束。

值得注意的是，在昆士兰州，2011 年该州《工作健康与安全法》对工作环境作出了规范。并且，在工作中受伤的员工应获得一定的补偿。

5.4.1 全国就业标准（National Employment Standards（NES））

《公平就业法》的立法目标是保证企业最低聘用条件的公平性、相关性和可执行性。

《全国就业标准》[①] 覆盖所有岗位上的员工，涉及最低工资标准、最长工作时间、所有休假类型、解雇保护等诸多问题。

---

① 原文全文，www. fairwork. gov. au/employee-entitlements/national-employment-standards。

国家就业标准核心内容如下：

- 每周最高工作时间为 38 小时，加上合理的加班时间。
- 因为照顾幼童或其他护理责任，获得灵活工作安排的权利。
- 获得不带薪的育婴假及相关权利。
- 每年累计有 4 周的带薪年假，7 天工作制的员工有 5 周的带薪年假。
- 每年累计 10 天的带薪私人事假或看护事假，以及 2 天无薪看护事假；亲人病重或者去世有 2 天的带薪假期。
- 社区服务假。
- 薪酬协议或者企业协议中规定的长期服务假。
- 所有员工可享受 10 天全国公众假期，以及州或领地法律规定的其他假期。
- 获得解聘通知或者以薪酬代替通知，以及特定情况下获得解雇遣散费的权利。

5.4.2　外国职工签证

赴澳大利亚工作的外国职工可选择：临时工作（技术）签证（457 类）、打工度假签证、雇主提名签证（永久）、企业主签证（永久）。

澳大利亚 457 签证最长 4 年有效，是最常见的雇主担保签证，确保解决技能短缺问题并鼓励雇用本国劳工。申请 457 签证需要经过如下三个程序：

- 赞助：申请该签证，要求雇主持有"标准企业担保"资格或通过与移民和边境保护部（Department of Immigration and Border Protection）间签署劳动合同。
- 提名：这一步，雇主需要确定雇员职务、人选和职业类型。"标准企业担保者"须通过劳工市场测试且证明无法雇用本国劳工。该签证持有人的工资须达到"市场薪酬水平"且其职务和工作地点的条款和条件不低于本国人。
- 签证申请：申请人须提交身份证明（护照和出生证明）、技能资格证明和雇员品德证明。

2015 年 9 月，澳大利亚政府宣布一项关于签证的新程序①：所有属于 175 类独立技术移民、176 类担保技术移民和 475 类地区技术担保移民签证申请人目前都需要受最高数量和停止程序的限制。

这一程序已于 2015 年 9 月 22 日启动，其规定了 2015—2016 财年以上签证子类别可以被授予的最大数量。

---

① 更多信息，请见 http：//www.border.gov.au/Trav/Work/Work/CapandCease。

目前，由于这一数量已经达到，因此，以上子类签证的申请人若未在 9 月 22 日之前办理完毕，其签证应当被认为将不会被办理。

移民和边境保护部（DIBP）将依据相应需完成的表格，返还申请者费用。预计 DIBP 将需要约 15 周时间（从收到完整表格之日起）来完成该项工作。

5.4.3 劳动合同形式

澳大利亚没有法律要求需要签署书面的劳动合同，但实践中雇主往往会向员工签发聘用函（Letter of Appointment），或者与员工签订正式的书面劳动合同。对于雇主来说，这是一个减少风险的谨慎措施。根据《2009 年公平就业法》规定，雇主须向新员工提供该法案副本，提供对该法案关键条款的概要。

当雇用安排中无如下明示条款时，视为有此默示规定：
- 终止雇佣时需有合理通告。
- 雇员有服从与合作的义务。
- 雇主有提供安全工作环境的责任。

5.4.4 工会

根据《公平就业法》，工会有权代表工会成员或雇员签订集体劳动合同。工会通常在企业协议中提出限用临时工、劳工中介的条款。

5.4.5 薪酬

自 2014 年 7 月起，雇员税前最低工资为：16.87 澳元/小时，或 640.90 澳元/周（38 小时）。

受现代劳资裁定协议保护的雇员采用该协议规定的最低工资。

初级员工、学徒和领取伤残福利金的雇员的最低工资一般可低于国家最低标准。

5.4.6 工作时间

国家就业标准规定每周最高工时为 38 小时，除非额外工作时间是合理的。

现代劳资裁定协议（和企业协议）通常包含如下规定工作时间的条款：
- 普通工作时长。
- 日班/夜班的最高工时。
- 对超时工作、二班工作、在周末或公共假期工作的处罚费率。
- 间歇和餐歇前最高连续工时。
- 换班间歇的最低休息时间。

- 对于安排二班的处罚费率：下午班处罚费率为 15％，夜班处罚费率
  为 30％。

该标准原则上强制执行，但雇主和雇员间可在对雇员有利基础上自主签订
协议调整工时。

5.4.7　工作条件

雇主有保护雇员、承包商和第三方的健康和安全的义务。各州具体规定不
同，但均要求雇主：

- 预识和管控风险。
- 成立健康安全委员会，包括提名员工代表。

违反上述规定的雇主可被起诉并处以高额罚金，有些辖区可对主管和高级
职员处以个人处罚。

5.4.8　裁员 /解雇 /劳动合同终止

- **程序要求**

对持现代劳资裁定协议或企业协议的员工，雇主在工作地重大变化时有协
商义务。解雇超 15 人时，雇主须告知社保福利署。

- **遣散费**

被解雇员工有权收到劳动终止通知，和获得 4～16 周工资的遣散费（取决
于其持续为该雇主工作的时间），在有限的例外情况下，无需支付遣散费，例
如将业务转移至关联实体的情况下。

- **集体裁员**

解雇超 15 人时，雇主须与雇员及其代表协商。雇主一般不得基于年龄或
工作年限筛选雇员。

5.4.9　工作场所的权利与保护

澳大利亚联邦和州及领地还为劳动者创造了一个与就业相关的权利、保护
和义务的框架。

- 职业健康与安全法则。因州而异，除了维多利亚州和西澳大利亚州之
  外，联邦政府与大多数州政府采用了统一的职业健康与安全法规。
- 禁止歧视。澳大利亚签署了许多国际公约承认公民权利、政治权利和
  人权。具体而言，禁止歧视体现在以下层面：聘请员工；聘请员工的
  条款；员工获得福利与发展的机会；解雇；种族；民族背景；国籍；
  性别；年龄；残疾；性取向或婚姻状态；怀孕；家庭负担等等。
- 一般性保护。《公平就业法》严禁因为行使或者打算行使权利而对某个人

（包括雇主与员工）采取不良行为。雇主对员工采取的不良行为包括：解雇、导致员工受伤、对员工保有偏见而改变其职位或者歧视员工等。

- 免受不正当解雇。不正当解雇指：被粗暴或者无理解雇。对小型企业（聘请少于 15 名员工），如果雇主不遵守《小型企业公平解雇准则》，即构成不正当解雇。

5.4.10 季节性工人

雇主有权雇用非澳大利亚籍工人从事农业商业活动。特殊签证类型有：季节性工人计划签证、临时（技术性工种）签证以及打工度假签证。

一般而言，季节性工人享受与一般澳大利亚籍工人相同的就业法保护。

5.5 外汇管制和银行金融法律

5.5.1 金融法律体制和信贷体制

1983 年底澳大利亚政府已全面取消外汇管制，澳元实行浮动汇率制。

澳大利亚金融市场开放度大，外国银行数量多、资产规模大。澳金融部门多已股份化，实行分业调控且强化法制建设和集中监管。

信贷方面，澳大利亚信贷渠道分为两种：银行和贷款经纪人（broker）。由于澳大利亚极为繁重的税法，在澳贷款人员多选择贷款经纪人。商业贷款需完善的商业计划书（business plan）[①]。

5.5.2 金融管理部门

按照不同监管目标，澳大利亚成立了两家监管机构，分别为澳大利亚审慎监管局（Australian Prudential Regulation Authority，APRA）和澳大利亚证券与投资委员会（Australian Securities and Investment Commission，ASIC），构成"双峰监管"模式。

APRA 依据《审慎监管局法》等法案，依法制定审慎经营标准，并严格实施，防范、评估、预警和处置金融风险或金融危机，确保金融稳定、金融效率和金融竞争的动态平衡，促进市场稳健规范运行，保护包括存款人、投保人和基金投资人的合法权益。

ASIC 是依照《证券与投资委员会法》的授权设立并依法行使权利的澳大利亚企业、市场和金融服务监管机构。ASIC 是一家独立的联邦政府机构，其将证券交易机构、期货交易机构、金融服务机构、保险公司、养老基金公司

---

① 澳大利亚金融监管法律述评，于永宁，《法制与社会》，2014 年 2 月刊。

以及储蓄机构等列为监管对象，并负责证券公司的审慎监管。

5.5.3 外汇管理相关法律规定

澳大利亚外汇管理基本根据 1959 年澳大利亚《银行法》（Banking Act 1959）第三章和 1959 年《银行（外汇）规章》［Banking（Foreign Exchange）Regulations 1959］进行。澳洲联储（Reserve Bank of Australia）负责对外汇交易、进口贸易盈利、跨国证券贸易及其相关领域的交易作出规定、进行授权，且可以颁布有关"不适用 1959 年《银行（外汇）规章》"的文书。

另外，2006 年《澳大利亚反洗钱法和反恐怖主义筹资法》（Anti-Money Laundering and Counter-Terrorism Financing Act 2006）规定（《2006 年法案》），任何超过一万澳元的跨国资金流动（包括实际的和电子形式的）都必须上报至如下任一机构：

- 澳大利亚交易报告和分析中心（AUSTRAC）CEO。
- 海关工作人员。
- 警察。

此外，提供特定服务的人员负有报告义务（《2006 年法案》第 6 条）。

但是，基于政府的经济制裁政策，会不时对某些特定国家、实体和个人实施外汇管制。

5.5.4 资本输入、输出、盈利撤出

澳大利亚政府对外国资本输入、输出、盈利撤出无限制。

5.5.5 资本市场

澳大利亚证券市场较为成熟。IPO 的主要监管机构有两个：

- 澳大利亚证券与投资委员会（ASIC）。
- 澳大利亚证券交易所（简称澳交所，ASX）。

截至 2015 年 7 月 31 日，澳交所市场总市值为 1.7 万亿澳元，拥有 2 224 家上市公司。截止本财政年度，新上市 14 家公司，新增融资额为 91.96 亿澳元。

截至 2015 年 7 月 31 日收盘，澳大利亚标准普尔 200 指数（S&P/ASX 200）为 5 699.16 点，摩根士丹利资本国际（MSCI）全球指数排名第八。

目前，澳大利亚约有 100 多家证券市场从事证券经纪业务和投资银行业务，有 1 000 多家基金管理公司投资于证券市场。所有挂牌的上市公司可以分为四大板块：资源板块、金融板块、其他服务板块和制造业板块。澳交所的可信性、合作性和高效率性得到了国际市场认可。

在澳大利亚上市排队时间短，一般来说，所需时间取决于项目的复杂程

度。IPO 项目平均需要 3 到 5 个月时间，但如果公司已经做好 IPO 的各项准备，上市申请材料符合上市条件，从公司递交上市申请到得到批准只要数周。

在澳交所上市成本低，一般只占到融资额的 5%～10%。

5.6 税收法律制度

5.6.1 税收制度

澳大利亚税法由联邦政府财政部负责执行，税务局为征税机构。

澳大利亚实行分税制，包括中央和地方税收。与企业相关的主要税收包括，联邦层面的所得税（个人所得税、企业所得税）、其他税种及附加费（商品和服务税、员工福利税、预提所得税、关税），以及地方层面的州/领地税（印花税、薪金税、土地税）。

5.6.2 主要税种

• **企业所得税**

在澳大利亚注册的公司被认定为澳大利亚的纳税居民，应当按照其应税利润的一定比例缴纳企业所得税。澳大利亚企业所得税适用统一比率，目前为 30%。这一比率适用于澳大利亚所有类型公司。

• **商品和服务税**

这一税种对应缴纳的是商品、服务或"任何其他应税事项征税"。澳大利亚商品和服务税从 2000 年 7 月 1 日开始征收，税率是 10%。按现行法律，如果分支机构或澳大利亚居民公司一个年度内在澳大利亚所提供的商品或劳务低于 7.5 万澳元，则该分支机构或公司无需注册商品和服务税。

一旦注册为商品和服务税的纳税人则应享有如下权利、承担如下义务：

• 对本地业务已经发生费用的相关商品和服务税，如为租赁或其他商业运营支付发生的费用，该分支机构或公司可以取得商品或服务税的进项抵扣。

• 该分支机构或澳大利亚下属公司（如适用）提供任何同澳大利亚有关的供货或服务都须交纳商品和服务税，无论价值大小。

• 该公司还需每月或每季度递交一次商品和服务税申请表（即，业务活动报告），同时必须按客户要求出具有效税务发票。

• **印花税**

印花税由各州和领地针对特定交易征收，如贷款抵押、证券买卖、不动产买卖等。澳大利亚各州和领地都征收该税种，规定各有不同。如，关于公司股权交易可能需要以股权转让税和土地持有税的形式缴纳印花税，一般取决于公司设立所在地，以及在澳主要资产是否是土地权益，包括具体的州和领地。

5.6.3　税收优惠政策和激励措施

• 重要项目优惠

特别重大项目可以在经过投资服务机构向联邦政府的推荐，获得税收减让、资金扶持，以及基础设施服务在内的优惠措施。此外，澳大利亚政府还简化了重大外国投资项目引进的审批手续和时间，同时为重大项目的可行性研究提供最高 5 万澳元的资助。

• 在澳设立地区总部和运营中心优惠

在澳大利亚，是否给予税收优惠由国库部决定。外国公司所有或租赁的计算机等相关设备可有 2 年的销售税免税期。此外，外国公司建立地区总部费用可在获得头笔收入的前后各 12 个月期间从税里抵扣。这一优惠政策下，澳大利亚移民部可根据外国公司与澳工业、旅游和资源部签署的协议，向公司主要派驻人员颁发长期居留商务签证，进而免除部分移民审批要求。

• 税收优惠政策

对于公司符合相应条件的研发支出，计算纳税所得税税基时，可按 150％的比率扣除。

• 地区鼓励政策

地区鼓励政策，主要提供给澳大利亚边远地区的居民及雇主，适用于符合条件的外国居民。如附加利益税的减让和所得税的减让。

• 行业鼓励政策

主要体现在对农牧业投资批发销售税减免。

5.6.4　双边税收协定

中澳避免双重征税协定签署于 1988 年 11 月 17 日，并于 1991 年 1 月 1 日执行。

5.7　保险制度

5.7.1　监管机构的介绍

澳大利亚审慎监管局是澳大利亚金融服务行业的监管机构，监管银行、信用社、建筑资金融资合作社、一般保险和再保险公司、人寿保险、私人健康保险、互济会和大多数的养老产业。

APRA 建立于 1998 年 7 月 1 日，大部分资金由他们监管的产业出资。APRA 目前监管的机构共持有澳大利亚的存款者、投保人和养老基金成员 4.9 万亿美元的资产。

APRA 拥有法定性的权威，执行团队成员是由财务部长直接指定的并且负责确定目标，重点和策略。

APRA 由 5 个部门组成：

- 专业机构部门（Specialised Institutions Division）。
- 多元化机构部门（Diversified Institutions Division）。
- 政策建议部门（Policy and Advice Division）。
- 监管部门（Supervisory Support Division）。
- 企业服务部门（Corporate Services Division）。

5.7.2 保险法律法规

在澳大利亚，有以下专门的法律法规来规范保险业务：

- 1973 年保险法案（Insurance Act 1973）。
- 2002 年保险条例（Insurance Regulations 2002）。
- 1995 年人寿保险法案（Life Insurance Act 1995）。
- 人寿保险条例（Life Insurance Regulations）。
- 1991 年保险并购和收购法案（Insurance Acquisitions and Takeovers Act 1991）。
- 2001 年一般保险改革法案（General Insurance Reform Act 2001）。
- 1998 年金融业（股权）法案（Financial Sector（Shareholdings）Act 1998）。
- 1999 年金融业（业务转让和集团重组）法案（Financial Sector（Business Transfer and Group Restructure）Act 1999）。
- 2001 年金融业（数据收集）法案（Financial Sector（Collection of Data）Act 2001）。
- 1998 年一般保险监管征收税款法案（General Insurance Supervisory Levy Imposition Act 1998）。
- 1998 年人寿保险监管征收税款法案（Life Insurance Supervisory Levy Imposition Act 1998）。
- 2015 年个人健康保险（审慎监管）法案（Private Health Insurance（Prudential Supervision）Act 2015）。
- 2007 年个人健康保险法案（Private Health Insurance Act 2007）。
- 2015 年个人健康保险（审慎监管）（相应修正案和过渡性条款）法案

(Private Health Insurance（Prudential Supervision）（Consequential Amendments and Transitional Provisions）Act 2015）。

- 2015 年个人健康保险监管征收税款法案（Private Health Insurance Supervisory Levy Imposition Act 2015）。
- 2003 年个人健康保险（风险均衡征收税款）法案（Private Health Insurance（Risk Equalisation Levy）Act 2003）。
- 2003 年个人健康保险（破产保险公司征收税款）法案（Private Health Insurance（Collapsed Insurer Levy）Act 2003）。

5.7.3 当地市场的保险业务品种

中国投资者进入澳大利亚农业领域，会涉及各种各样的保险需求。

- **并购过程中的保险需求**

中国企业通过并购的方式进入澳大利亚，其间的并购风险无处不在。并购保险是特别设计用于协助完成并购交易的一种解决方案。通过购买并购保险，企业可以将交易风险转移至保险市场，确保交易顺利完成，利用对已知和未知责任的封顶，调解买卖双方在风险评估上的分歧，并且规避并购交易结构中与税务相关的风险。

并购保险通常涉及的保险包括：担保与赔偿保险、税务责任保险、或有负债保险、诉讼保险和环境责任保险。

担保与赔偿保险

在任何并购协议中，卖方所承诺的担保和赔偿责任始终是争议的焦点，并购交易完成后，如何分配有关担保与赔偿方面的索赔是所有买卖双方面临的最为棘手的问题。担保与赔偿保险主要针对并购合同中卖方所陈述的保证条款以及违约时的相关赔偿条款来提供保险保障。

税务责任保险

税务方面的不定因素会妨碍并购交易的战略规划以及最终是否可以顺利成交。税务责任保险可以排除在交易过程中某些已识别的税务问题，有效地帮助纳税人将风险转移到保险公司，为交易双方提供一个顺畅的谈判环境以及相应的解决方案。

或有负债保险

在并购活动中，收购方可能面临或有负债风险。或有负债是过去的交易或者事项形成的潜在义务，是取决于未来事件结果的潜在负债。这些债务责任是否会发生具有很大的不确定性，其结果只能由未来发生的事项确定。或有负债保险可以为此类风险提供保险的解决方案。

诉讼保险

在并购交易中，通过尽职调查等手段，可以识别潜在的诉讼风险。可能这些诉讼近期不太可能发生，但依然可能导致潜在买家或者贷款人对交易重新评估。

诉讼保险可以成为一个有效的工具，对可能承担的第三方诉讼风险提供安全性保障，从而促使交易顺利进行。

环境责任保险

并购双方在交易过程都可能面临环境风险，这些风险也可以通过专业的保险产品与咨询服务来进行有效管理，如评估环境风险和责任，提供环境风险可保性建议，设计和安排保险方案，对已知环境风险责任封顶和转移未知风险责任。

- **并购后的保险业务**

企业在并购后，在经营业务过程中会面临责任、人员以及财产等方面的风险。在澳大利亚，一些保险公司可以为农业企业的经营提供保险保障，简单汇总如下：

澳大利亚农业和农作物主要市场

保险机构名称	承保支持	主要承保产品	
Primacy Underwriting Management	是澳大利亚安联保险公司 Allianz Australia Insurance Limited 的代理	• 大田作物 • 棉花 • 林业/碳	• 园艺 • 葡萄栽培 • 果树和葡萄树
Rural Affinity Insurance Agency	大湖再保险公司（英国）Great Lakes Reinsurance（UK）PLC	• 大田作物 • 碳 • 棉花 • 木材	• 园艺 • 葡萄栽培 • 果树 • 橄榄和坚果 • 牲畜
Insurance Facilitators	劳合社辛迪加 Lloyd's Syndicates	• 大田作物 • 杏仁 • 柑橘	• 橄榄 • 棉花 • 碳 • 木材
商联保险有限公司	澳洲保险集团 IAG（Insurance Australia Group）	• 农场的财产 • 机器 • 盗窃 • 干草，谷物，牲畜	• 营业中断险 • 责任险 • 机损险 • 货运险

5.7.4　澳大利亚的农业和农作物保险

- 对农业保险和农作物保险，很少有市场能提供多种自然灾害保障条款。多种自然灾害风险－任何一种承保的风险直接导致实际产量低于预计产量，保单需要提供 Google 地图上的农场地形细节或者卫星图片，可保风险包括：干旱，降水量过高；温度过高；冰雹；意外火灾排除纵火；洪水，霜冻和结冰；风；超出合理控制的虫害和野生动物的伤害。
- 在 2014 年有 2 个市场提供此类保障，但是其中一个索赔率超过 100％，另外一个则有重大理赔事件的记录。
- 由于高索赔率，许多机构呼吁政府对这一类型保险进行资助并允许延期赔偿。
- 对于大多数农作物，冰雹和火灾保险都可以购买，然而，对于葡萄栽培类型的风险，市场提供霜冻保险的能力是有限的。
- 至于棉花市场，从 2009 年开始，在过去 5 年所取得的产量有显著的变化，从歉收转向丰收。
- 在墨尔本与布里斯班之间修建铁路运输农作物的事情上，政府一直承受很大压力，包括 Wagga Wagga 和 Albury 在内的一些城镇担心铁路绕过他们，其农产品输港可能延误。
- 对于大田作物如棉花和葡萄栽培，冰雹和火灾保险主要有两种产品：固定产量或可变产量保险。
- 大多数农作物保险是在预收保费的基础上承保的，在收获之后再按不可续保来进行保费调整。以配合这些作物的不同季节。
- 现在很少有保险市场愿意为番茄这样的地面农作物提供保障。

5.7.5　一般保险的替代品—天气衍生性产品

天气因素以各种形式直接或间接影响着全球经济生产，农业产业更是靠天吃饭的行业，而所有企业都越来越关注天气变化对自身经营造成的影响，天气衍生产品因此应运而生。

目前，在澳大利亚保险市场上，一些保险机构可以提供天气衍生性产品。比如，Aon Benfield 与 Celius Pro 合作，后者为 Aon（怡安集团）针对天气保险的产品 WExcess 提供独家的天气分析资料和专家意见。

WExcess—是为客户的需求而量身订做的简便而又快捷的产品，可以被设计成为（再）保险或衍生产品。

保障举例：

- 冷天保险—日平均气温低于设定水平时支付事先设定的金额。

- 霜冻保险—日最低气温低于设定水平时支付事先设定的金额。
- 雨天保险—日平均降雨量高于设定水平时支付事先设定的金额。
- 热天保险—日平均气温高于设定水平时支付事先设定的金额。

5.8　知识产权

5.8.1　法律框架介绍

澳大利亚涉及保护知识产权方面的法规包括：《商标法》《版权法》《专利法》《外观设计法》和《商业名称法》等。

澳大利亚《2006 年知识产权法修正案》对 1990 年的《专利法》、1995年的《商标法》、2003 年的《外观设计法》以及其他知识产权法律做了大幅修改，还补充了对专利侵权行为的惩罚措施，增加对侵权行为的惩罚性规定。法院确定赔偿额时，考虑侵权行为恶劣程度和侵权人被告知侵犯专利后的行为。

澳大利亚有关知识产权管理部门及其管理的知识产权种类[1]

主管部门	知识产权的种类
澳大利亚知识产权局（隶属于澳大利亚工业、旅游和资源部）	专利 商标 外观设计 植物新品种
司法部 交通、信息和文化部	版权（政策方面） 集成电路布图设计
Wine & Brandy 公司 （隶属于澳大利亚农业、渔业、林业部）	地理标记
司法部 竞争与消费者协会 财政部等部门	商业秘密
外交和贸易部	与知识产权有关的贸易事务

---

[1]　全文见中国国家知识产权局官方网站 http://www.sipo.gov.cn/gjhz/qkjs/200804/t20080423_390885.html。

澳大利亚加入的与知识产权有关的国际条约①

条约名称	加入时间
保护工业产权巴黎公约	1925 年 10 月 10 日
保护文学艺术作品伯尔尼公约	1928 年 4 月 19 日
商标国际注册马德里议定书	2001 年 7 月 11 日
世界版权公约	1952 年文本：1969 年 2 月 1 日 1971 年文本：1977 年 11 月 29 日
保护表演者录音制品录制者和广播组织罗马公约	1992 年 9 月 30 日
保护录音制品录制者防止擅自复制其录音制品日内瓦公约	1974 年 6 月 22 日
发送卫星传输节目信号布鲁塞尔公约	1990 年 10 月 26 日
国际承认用于专利程序的微生物保藏布达佩斯条约	1987 年 7 月 7 日
保护植物新品种国际公约	1989 年 3 月 1 日
建立世界知识产权组织公约	1972 年 8 月 10 日
专利合作条约	1980 年 3 月 31 日
国际专利分类斯特拉斯堡协定	1975 年 11 月 12 日
商标法条约	1998 年 1 月 21 日
商标注册用商品和服务国际分类尼斯协定	1961 年 4 月 8 日
与贸易有关的知识产权协定	1995 年 1 月 1 日

5.8.2　商标

• **获得商标的法律要求**

商标必须具备以下两要素：

- 一个符号（可以是字词、图案、品牌、外包装、形状、颜色、声音或气味）。
- 用于或准备用于（或能够）将商标所有者的货物或服务在贸易中与其他交易者的货物或服务加以区分。

• **商标注册负责机构及申请流程指南**

澳大利亚知识产权局负责商标注册。其官方网站为：www. ipaustralia. gov. au。澳大利亚知识产权局的网站提供申请流程指南②。

---

① 中国国家知识产权局 http：//www. sipo. gov. cn/gjhz/qkjs/200804/t20080423 _ 390885. html.

② 澳大利亚知识产权局官方网站，www. ipaustralia. gov. au/get-the-right-ip/trade-marks/trade-mark-application-process/Get-the-right-tm。

- **监管机构拒绝商标注册的依据**

拒绝批准商标注册申请的原则性依据如下:

- 不能区分申请者的货物或服务。
- 容易引起误解或混淆。
- 与其他商家已注册的商标实质性相同或相似程度会引起误解。
- 按照商标法律法规,申请的商标包括或包含不得用作商标的符号。
- 符号包括或包含不良元素,或违反法律。

- **商标申请异议**

对一项商标申请提出异议可依据如下理由:

- 商标缺乏显著性。
- 商标的使用违反法律。
- 商标的使用可能导致误解或混淆。
- 与先前商标冲突。
- 缺乏所有权。
- 申请没有使用目的。
- 由于先前商标已有声誉,使用该商标将造成误解或混淆。
- 商标包含错误的地理暗示。
- 申请通过的依据为虚假陈述。
- 恶意提交商标申请。

- **商标保护开始之日和期限**

初次申请自申请之日起十年有效。商标注册可通过不断缴纳续展费无限续展期限。

5.8.3 专利

- **获得专利的法律要求**

标准专利:

产品、方法、流程如果具有以下特征,则可获得专利:

- 新的制造方法。
- 新颖性。
- 创造性。根据全世界范围内的公知常识单独或结合全世界任何地方公开的文档或法案中的内容进行评审。
- 实用性(专利申请书中必须披露具体、实质、确定的实用价值)。
- 优先权日之前未在澳大利亚境内秘密使用过。

发明必须通过说明书按照以下方式进行披露:

- 由擅长美术的人员制作,需要足够清晰和完整。

- 专利申请者已知的最好的使用发明的方式。
- 说明清晰、简短，申请书中披露的细节能够支持说明（参见《专利法》第 40 条）。

革新专利

有些发明无法达到标准专利的创造性要求，但是对产品使用起改进作用。申请条件与标准专利相同，唯一不同是需要体现比先前技术新颖的地方（不同于比先前技术更具创造性的标准）。

- **专利保护范围限制**

以下类别不属于专利保护范围之内：

- 关于标准专利，人类和某一代人的生物学过程。
- 关于革新专利，动物、植物和某一代动植物的生物学过程（微生物学过程可以受专利保护）。

但是，不得因实验或已经获得监管批准的理由，侵犯专利权。

- **专利注册机构及申请流程指南**

澳大利亚知识产权局[①]（IP Australia）负责专利注册。

澳大利亚知识产权局网站提供申请流程指南[②]。

- **专利申请异议**

专利授予前，对标准专利授予提出异议应基于以下一项或多项理由：

- 无权利。
- 发明不属于可获得专利的发明。
- 不符合《专利法》第四十条。

一旦出现以下情形，任何人都可以对专利申请提出异议：

- 专利委员会受理一项专利申请。
- 官方文件公告受理申请。

任何人可以通过提交异议申请书对标准专利授予提出质疑。异议申请书必须自专利申请公告受理之日起 3 个月内提交（无资格要求）。

- **专利保护起始日期和期限**

标准专利自申请提交之日起保护期限为 20 年，除非出现以下情形：

- 未能缴纳续展费。
- 专利被撤销。

由于通过监管审批会有延迟，药品专利本身（不包括方法或流程），其期

---

① 澳大利亚知识产权局官方网站 www.ipaustralia.gov.au。

② 澳大利亚知识产权局提供的申请流程详细内容：www.ipaustralia.gov.au/get-the-right-ip/patents/patentapplication-process。

限可延长最多 5 年。

革新专利保护期限为 8 年，不可延长。

5.8.4 版权

- **获得版权保护的法律要求**

作品必须满足以下所有要求：

- 著作权法确认的作品（文字作品、艺术品、戏剧或音乐作品）。
- 以有形形式。
- 原创表达（不能抄袭其他来源）。
- **版权注册**

版权无法在澳大利亚注册。

- **版权保护起始日期和期限**

出版作品，著作权保护期限为作者终生及其死亡后 70 年。

- **处理版权侵权纠纷机构**

澳大利亚联邦法院（FCA）与澳大利亚各州及领地最高法院对版权侵权纠纷有共同的初审管辖权。联邦巡回法院也有权审理、判决某些版权案件。不过，绝大多数版权侵权纠纷在联邦法院审理。

版权法庭有权确认或变更法定许可和自愿许可。

5.9 环境保护法规

5.9.1 澳大利亚环境法律框架

澳大利亚环境相关事宜主要在州和领地一级进行规制，各州、各领地的具体管理体制有所不同。并且，澳大利亚联邦政府在全国范围内对某些特殊问题在各州、各领地的法律规章之外作出了具体规定。

近 5 年以来，澳大利亚的政策、立法不断发展变化，近期的发展集中于各级政府重复审批以及气候变化应对政策。

- 各州、各领地立法［详见下文第三节（环境保护部门）］。
- 联邦立法：澳大利亚联邦政府制定的环境法规只适用于国家级区域以及涉及联邦或联邦机构的情形。联邦最主要的环境立法为 1999 年《联邦环境和生物多样性保护法》(Environment Protection and Biodiversity Conservation Act 1999)，由联邦环境部（Department of the Environment）进行监管，规范了对或可能对全国环境产生重要环境影响的行为。
- 制裁与处罚：澳大利亚所有司法辖区都将违反环境法规的行为视为后果严重的事件，情节严重者可能面临刑事制裁。

澳大利亚土著的文化与土地权由联邦政府根据 1993 年《国家原住民地权法》（Native Title Act 1993（Cth））和 1993 年《昆士兰州原住民地权法》（Native Title Act 1993（Qld））进行管理。

5.9.2　违反环境法规的处罚机制

虽然各司法辖区略有不同，澳大利亚的相关监管部门都有强有力的执行权，包括：制定刑事及民事法律、颁布法令和通知、暂停或吊销执照或修改申领执照的条件。

在所有司法辖区，公司法人违法时，公司董事和管理人员，除可以提出无罪抗辩外，都可能构成违法。某些司法辖区甚至规定，执照的持有者或占有使用者应对承包人的违法承担责任。

在西澳大利亚州，《西澳环保法》（Environmental Protection Act（WA））规定的处罚方式包括罚金、监禁以及吊销执照等其他处罚方式。

具体罚金金额规定如下：
- 一级违法：最严重的环境违法行为。
    - ——对公司法人处以最高 100 万澳元的罚金，对有关个人处以最高 50 万澳元的罚金，并（或）处以最高 5 年有期徒刑。
    - ——若违法行为继续，另行按日处罚。
    - ——二级违法：应承担严格责任的违法行为。

对公司法人处以最高 25 万澳元的罚金，对有关个人处以最高 12.5 万澳元的罚金。
- ——若违法行为继续，另行按日处罚。
- 三级违法：通常为轻微违法行为。
    - ——对公司法人和有关个人共同处以最高 5 000 澳元的罚金。

除经济处罚外，被告人可能需根据法庭决定采取以下一项或多项措施：
- 补救、缓解已有的或防止未来的环境损害；
- 恢复环境；
- 公示违法行为；
- 根据法院决定缴纳一定罚金。

2013 年 7 月《西澳环境规划部施政和监察政策》（DER Enforcement and Prosecution Policy）规定了西澳环境规划部可以对违反环保法规的行为所采取的具体处罚措施，也简述了在确定处罚等级时应考虑的具体要素。

昆士兰环境和遗产保护局（https://www.ehp.qld.gov.au）根据 1994 年昆士兰州《环境保护法》（Environmental Protection Act 1994（Qld））中的有关规定，负责环境类许可证的审核和签发。昆士兰州的其他相关法律法规包括

2011 年《减少浪费与循环利用法》（Waste Reduction and Recycling Act 2011 （Qld））、1992 年《自然资源保护法》（Nature Conservation Act 1992 （Qld））以及 1992 年《昆士兰遗产法》（Queensland Heritage Act 1992 （Qld））。任何发展计划都须经昆士兰州发展局根据 2009 年昆士兰《可持续发展法》（Sustainable Planning Act 2009 （Qld））进行核准。

当一种违法行为可能面临多种处罚方式时，具体适用何种，在综合考虑情节严重性、当事方是否主动采取补救措施以及如何最好最快实现环保法目的等因素，根据违法具体情况确定。

任何因环境破坏蒙受损失或损害的个人都可采取民事手段请求赔偿。

5.9.3 环境保护管理部门

- **地方环保部门**

澳大利亚首都直辖区：环保局，实施 1997 年《首都直辖区环保法》（Environmental Protection Act 1997 （ACT））；

北方领地：环保局，实施 1998 年《北方领地废物处理和污染控制法》（Waste Management and Pollution Control Act 1998 （NT））、1982 年《北方领地环境评估法》（Environmental Assessment Act 1982 （NT））；

新南威尔士州：环保局，实施 1997 年《南威尔士环保运行法》（Protection of the Environment Operations Act 1997 （NSW））；

昆士兰州：环境和遗产保护部，实施 1994 年《昆士兰环保法》（Environmental Protection Act 1994 （Qld））；2011 年《减少浪费与循环利用法》（Waste Reduction and Recycling Act 2011 （Qld））、2009 年昆士兰《可持续发展法》（Sustainable Planning Act 2009 （Qld））、1992 年《自然资源保护法》（Nature Conservation Act 1992 （Qld））、1992 年《昆士兰遗产法》（Queensland Heritage Act 1992 （Qld））；

南澳大利亚州：环保局，实施 1993 年《南澳环保法》（Environment Protection Act 1993 （SA））；

塔斯马尼亚岛：环保局，实施 1994 年《塔斯马尼亚环保法》（Environmental Management and Pollution Control Act 1994 （TAS））；

维多利亚州：环保局，实施 1970 年《维多利亚州环保法》（Environment Protection Act 1970 （VIC））；

西澳大利亚州：环保局、环境规划部，实施 1986 年《西澳环保法》（Environmental Protection Act 1986 （WA）（EP Act））。

- **联邦环保部门**

澳大利亚联邦环境部，实施 1999 年《国家环境和生物多样性保护法》。

5.9.4 环境影响评估（EIA）的相关规定

• 环境影响评估的范围

只有达到环境影响评估（下称为环评）条件的项目，如有重大环境影响的项目，需要进行此项评估。项目本身决定着环评的范围和程度。环评由项目推行者自行进行，并将上报给各州或领地的有关监管部门进行审批。

在所有司法辖区，环评程序都是透明的，接受公众和项目股东的监督。申报材料要求提供项目的基本信息、环境影响以及对此影响的控制方式。评估结果需上报给有关监管部门，此部门制作报告和建议，上交至联邦环境部长确定是否批准。

根据《联邦环境和生物多样性保护法》，某些项目也需进行环保评估。澳大利亚联邦政府和所有州、领地已缔结双边协议，约定那些可能对全国环境产生重大影响的主要项目必须根据国家环保法进行环评，这些项目的运行必须得到联邦环境部长的同意。但这些项目无须根据有关地方法规再次进行评估。

• 监管部门的批准

如果需要进行环评，该评估的结果由国家环境部长或代表决定人员审查，以决定该项目是否可以继续进行。且批准进行通常是附带具体条件的。

• 处罚

在所有司法辖区，任何未按规定程序进行的环评都可能使已经获得的批准失效，且当事方可能面临经济处罚。

5.10 竞争/反垄断

5.10.1 概述

澳大利亚竞争法以相同方式适用于农业和其他领域。当一项农业商业收购将显著削弱竞争，或商业主体采取了违背相关法律的行为，交易将被禁止。

5.10.2 监管框架

• 法律框架

整体上，澳大利亚竞争法相关法律和政策包括：

- 澳大利亚竞争和消费法 2010（CCA）（联邦）（Competition and Consumer Act 2010（CCA））。
- 澳大利亚竞争和消费法规定 2010（联邦）。
- 澳大利亚竞争和消费委员会（Australian Competition and Consumer

Commission，ACCC）政策。

澳大利亚竞争和消费法第 50 条：如果一家在澳大利亚设立、经营或注册为外国企业的收购方，直接或间接收购股份或资产，而且收购将会或可能导致澳大利亚市场竞争显著削弱，此项收购将被禁止。

澳大利亚竞争和消费法第 50A 条：适用于外国收购中收购方将获取澳大利亚企业控制权益的情形。与第 50 条不同，该条规定并不要求收购方在澳大利亚设立、经营或注册为外国企业。如果澳大利亚竞争法法庭认为，如果这一控制权的变化将或可能导致澳大利亚市场竞争发生显著削弱，而同时不能对公共利益进行一定补偿时，法庭有权禁止相关澳大利亚企业在受其影响的澳大利亚市场进行商业经营。

• 监管机构

澳大利亚竞争和消费委员会（ACCC）：负责 CCA 规定并购控制部分的执行。ACCC 可以申请联邦法庭发出禁止收购、对收购进行拆分、让收购恢复原状、民事罚金、诉讼相关费用以及（在并购已经进行的情况下）禁止个人参与澳大利亚企业管理的禁令。

澳大利亚竞争法法庭：对基于公共利益的并购审批申请进行审查。法庭可以对 ACCC 的正式并购审批决定进行复审，并可以依据第 50A 条作出声明。

5.10.3 触发事件／申报标准

• 触发事件

当交易涉及一项对股份或资产（包括股份和资产的法律或衡平法上的权益）的直接或间接收购时，无论收购方能否通过交易控制目标企业，只要这一交易可能导致市场竞争的显著减少，此项交易则将受 CCA 第 50 条并购规定的约束。

CCA 第 50 条规定适用于外国交易中符合以下任一条件的收购方：

- 在澳大利亚设立。
- 在澳大利亚注册为外国公司。
- 在澳大利亚经营。
- 澳大利亚常住居民。
- 澳大利亚公民。

当 CCA 第 50 条不适用时，可适用 CCA 第 50A 条的规定。

• 申报标准

由于澳大利亚实行自愿申报原则，所以并没有最低年营业额或价值的标准，但《ACCC 并购指南》建议在并购符合以下两项情况下提交申报：

- 收购方在澳大利亚交易后将获得 20％以上的市场份额。
- 收购方和被收购方提供有替代性或具有互补性的产品或服务（例如，收购方经营粮食流通和贸易，而被收购方经营散装粮食处理；或收购方供应铁矿石，而被收购方为一个用于出口铁矿石的港口）。

- **法定时效期限**

根据法律规定，依据 ACCC 申请的命令种类不同，ACCC 的时效期限有所不同，例如：

- 申请惩罚性民事罚款：在违法行为发生之日起 6 年之内。
- 拆分命令、恢复并购前状态命令：在违法行为发生之日起 3 年之内。

5.10.4　申报

- **强制申报和自愿申报**

在澳大利亚，并购申报是自愿的。但 ACCC 鼓励在特定情形下提前申报（见申报标准部分）。ACCC 同样有权利对不符合以上标准的并购进行调查。

实践中，由于 ACCC 有权申请联邦法庭发出命令，禁止其认为可能显著削弱竞争的并购，或使其无效，因而大多数可能对澳大利亚市场竞争产生显著影响的并购都需要在交易完成前自愿向 ACCC 提交申报。

法律并未对 ACCC 申请禁令的时效期限作出规定，但实践中，ACCC 通常在并购交易完成前提出申请。

- **申报时间**

尽管没有法定申报期限，《ACCC 并购指南》建议交易方至少在交易完成前 6～12 周向 ACCC 进行申报。

希望进行保密申报的交易方应该在并购或收购的拟定公告日前至少提前 2 周与 ACCC 联系。通常建议，这类保密申报应该在拟定公告日前至少提前 4 周提出。

正式申报或基于公共利益向竞争法法庭的申报，必须在交易完成前提出。

- **申报责任**

根据 CCA 第 50 条，违反申报的主要责任由收购方承担。因此，收购方通常会向 ACCC 进行申报。

- **申报形式**

通常申报的形式主要有：

- 通过 ACCC 的保密预审程序进行保密申报。
- 向 ACCC 进行礼节性申报。
- 向 ACCC 进行非正式或正式申报。
- 向竞争法法庭提交并购审批申请。

5.11 争议解决

5.11.1 大型商事纠纷的主要争议解决方式

- **诉讼**

诉讼是最主要的争议解决方式。

澳大利亚法律体系采用对抗制。法庭非常重视个案管理。大多数管辖区的法律都要求司法参与积极个案管理。

民事案件证据标准采用盖然性标准。

审判员公正审理法院诉讼。诉讼公开进行（存在有限的例外情形）。审判员依据所出示的事实和证据做出裁判。裁判采用法庭命令的形式，若涉案一方违反，法庭命令可予以强制执行。

大型商事纠纷往往涉及仲裁。这类民事案件一般在审判前进行庭外解决，很少会进入最终审判阶段。大型企业通常在提交诉状后，协议解决纠纷。因为处于这一阶段时，双方对各自地位和争议事项都有更好的认识。

法庭鼓励使用替代纠纷解决方式（ADR）。大多数司法辖区的诉讼程序包含要求双方进入替代纠纷解决方式的程序。比如，西澳大利亚最高法院在双方首次尝试调解之前，一般不会让案件进入审判。

澳大利亚法院

澳大利亚联邦实行君主立宪制，政府采用联邦制。联邦由 6 个州和 10 个领地组成。其中联邦政府授予 3 个领地有限自治权，其余 7 个则完全由联邦政府管辖。

法律体系分为联邦和州两个系统。

联邦法院一般审理涉及联邦法律的案件。州和领地法院一般审理涉及州法律的案件。

替代纠纷解决方式（ADR）

除诉讼之外的争议解决方式主要包括：

- 谈判。
- 仲裁。
- 专家裁决，适用于技术性争议。
- 调解，本身是一种替代性纠纷解决机制，也可以附属于其他程序。

某些行业经常使用替代纠纷解决方式。比如，建筑工程合同经常采用专家决定来解决技术性纠纷。

- **处理大型商事纠纷的主要替代纠纷解决方式**

谈判

纠纷发生后，谈判是大型商事交易双方解决争议最常用的非正式的方式。

合同往往约定双方高级主管会面，在采用正式的纠纷解决程序之前，尝试解决纠纷。不要求双方一定达成协议，不过诚意谈判是一项默示义务。谈判不涉及第三方调停者。总之，双方希望不通过法律顾问而谈判解决纠纷。

双方谈判应真诚、公平地解决纠纷。谈判中做出的任何明示或默示的自认都不能作为庭审依据。

调解

在澳大利亚，调解方式比较常见。合同有可能要求双方进入诉讼或仲裁前，首先尝试采用调解的方式解决纠纷。

调解和谈判相似，双方都本着诚意协商解决纠纷。但是，调解需要一位调解员。调解员一般是有公信力的独立第三方（一般由退休法官或资深出庭律师担任），调解员努力促成有效的纠纷解决方案。不要求双方在调解过程中达成有约束力的协议。不过，这类解决争议的协议一般都是具有约束力的。

专家裁决

针对某些纠纷，双方可以聘用一位对争议事项具备专业资格或专业经验的独立专家进行裁决。双方通常向专家提交陈述和证据，以支持其相关立场。之后，专家做出最终决定，专家裁决通常具有约束力。

仲裁

仲裁是替代纠纷解决方式中，与完整的商事诉讼最为相似的解决方式。仲裁条款多见于涉及国际双方的建筑工程和能源项目合同中。

仲裁属于高度受法律规范化的程序，适用《联合国国际贸易法委员会国际商事仲裁示范法》（UNCITRAL）。澳大利亚每个州和领地都颁布其各自的《商事仲裁法案》（CAA）。所有《商事仲裁法案》均规定有针对仲裁员的法律适用错误赋予有限的上诉权利。如果双方之间存在有效的仲裁协议时，所有《商事仲裁法案》法案也允许一方申请中止诉讼程序。由于 CAA 的存在，法庭一向不愿意干涉仲裁决定。

仲裁员必须获得仲裁专业资格证书，才能成为澳大利亚仲裁员与和调解员协会（Institute of Arbitrators and Mediators Australia，IAMA）成员。

包含了大量证据和论据，仲裁是一项复杂的程序，涉及大量证据和论据。传统的证据规则，例如传闻证据规则，不严格适用于仲裁。不过，仲裁员通常鼓励使用这些证据规则。

其他便捷的评估程序

- 调停。和上文中调解相似，只是调停员应当分别而不是同时面对纠纷各方。

- 协调。当事方希望获得合作上的帮助，而不是解决商业纠纷。协调人应参与、帮助当事方一起达成非对抗性的结果。
- 专家评估。和专家裁决类似，只是专家不用给出终局性、约束性的决定，仅须基于自身对某一领域的专业知识，对纠纷做出评价。
- 中立评估。和专家决定相似，只是评估人仅须出具非约束性意见。

5.12 签订澳大利亚农业建设项目合同程序

5.12.1 信息来源

以下是一般澳大利亚农业建设项目的信息来源，供参考：

- **行业组织**

不同利益集团的代表组织，例如：

- 全国农场主联合会（National Farmer's Federation）（www. nff. org. au）。
- 澳大利亚乳业局（Dairy Australia）（www. dairyaustralia. com. au）。
- 澳大利亚羊毛协会（Australian Wool Growers Association）（www. australianwoolgrowers. com. au）。
- 肉类及畜牧业协会（Meat and Livestock Australia）（www. mla. com. au）。
- 澳大利亚苹果和梨协会（Apple and Pear Australia）（www. apal. org. au）。
- 澳大利亚有机公司（Australian Organic）（www. austorganic. com）。
- 澳大利亚牛肉协会（Beef Australia）（www. beefaustralia. com. au）。
- 澳大利亚谷物贸易协会（Grain Trade Australia）（www. graintrade. org. au）。
- 澳大利亚甘蔗种植者协会（Cane Growers）（www. canegrowers. com. au）。
- 澳大利亚灌溉协会（Irrigation Australia Limited）（www. irrigation. org. au）。
- 澳大利亚棉花协会（Cotton Australia）（www. cottonaustralia. com. au）。

虽然各行业尖端组织网站不一定给出潜在投资或协约机会信息，但可能会提供行业特定的背景信息，包括当前趋势与挑战等信息。

- **一般性信息和监管信息**（联邦、州/领地政府网站列出本司法管辖区监管要求和农业项目信息）
- 规划与环境。
- 建设要求与合规。
- 工作卫生与安全。
- 检疫与出口要求。

以下联邦、州政府官网用途特定，提供当下公告项目，相关司法管辖区的潜在机会：

- 联邦：AusTenders，https://www.tenders.gov.au/。
- 昆士兰：QTenders，https://www.hpw.qld.gov.au/qtenders/。
- 新南威尔士：eTendering，https://tenders.nsw.gov.au/。
- 维多利亚投标：https://www.tenders.vic.gov.au。
- 南澳大利亚投标和合同：https://www.tenders.sa.gov.au。
- 西澳大利亚投标：https://www.tenders.wa.gov.au/watenders/index.do。
- 塔斯马尼亚岛投标：https://www.tenders.tas.gov.au/。
- 澳大利亚首都领地投标：https://tenders.act.gov.au/ets/tender/search/tender-search.do? action ＝ advanced-tender-search-open-tender。
- 北领地政府报价和投标 https://tendersonline.nt.gov.au/Tender/ListCurrent（或 https://tendersonline.nt.gov.au/Tender/ListFTO for future opportunities）。
- **一般性信息和监管信息**（包括律师、项目经理、规划与环境咨询师等的专业建议）

还有一些商业网站会列出农业和水产养殖业招投标信息，比如：

- Tenderlink：http://www2.tenderlink.com/tenders/agriculture/。
- Oppex：https://oppex.com/agriculture/au/。
- AustralianTenders.com：http://www.australiantenders.com/tenders/category/Fishing＋&.＋Aquaculture/。

5.12.2 投标程序

澳大利亚农业建设项目可采用多种采购模式，取决于项目特点。没有万能钥匙，要考虑具体项目的规模、风险、复杂性。

不过，还是存在许多共性：

- 公、私建设项目间的共同点。
- 农业建设项目典型的交付方法。

详见下文论述。

- **建设项目采购共同点**

竞争性招标

通常，澳大利亚建设项目采购通过报价邀请函（RFQ）或投标邀请函（RFT）程序来执行。具体程序如下：

1. 建设项目进行邀请或投标邀请。

2. 列出项目选址和要求等细节，例如：

（1）项目交付时间表；

（2）包括合同期限和条件在内的优先交付方法；

（3）任何设计要求，项目概念设计或细节设计（可应用的）；

（4）项目使用意图。

3. 列出 RFQ 或 RFT 的程序要求，例如包括：

（1）报价或投标递交时间表；

（2）报价或投标有效期（即在此期间，委托人可以接受报价或投标）；

（3）报价或投标格式、内容要求；

（4）典型的，因委托人自身利益而享有的一系列"特权"条款，保留某些权利（比如，变更 RFQ 或 RFT 的权利，委托人无义务接受最低报价或投标的权利）。

委托人享有的一些重要利益

委托人进行竞争性项目招标，享有许多重要利益，其中有：

1. 物有所值：竞争性投标促进投标者间竞争，从而让委托人获得物有所值的投标。

2. 质量：投标者为在竞争性投标中中标，往往使委托人以很少的成本获得行业专业知识和创新型解决方案。

3. 公平：竞争性投标被认为公开透明，给每一位潜在供应商/承包商平等的机会。

但是，也存在项目规模或需采购的工程不需要竞争性投标的情况。比如，项目规模较小，复杂性低，供应商/承包商很少，需要专利技术。

- **典型的交付方式**

仅施工

这种施工承包方式较常见。委托人准备或由人准备项目设计，再另行让承包商交付施工项目。

设计文件包含在投标文件中，投标者开展建设的投标价格或总额固定。

这种承包方式多见于委托人有内部设计专家或另行聘请设计师的情形。

设计和施工（D&C）

通常，委托人准备或由他人准备设计纲要或概念设计，梳理关键要求和说明，投标者针对已有设计完成细节设计、工程施工，给出有利于委托人的合适的目的保证。

投标者一般使用固定价格或总额。主要好处之一是承包商对工程交付承担全面责任。

工程，采购与施工（EPC）

EPC 合同又称交钥匙工程建设合同，要求承包商遵照指定标准，按时、按预算完成、交付工程。EPC 合同往往应用于工艺设备建设。与设计和施工（D&C）合同类似。

承包商早期介入（ECI）

ECI 合同模式较多，灵活度更高，委托人也有更大的项目控制权。ECI 合同起草通常分两步：

1. 承包商早期介入阶段，承包商与委托人合作，商定范围、设计、项目规划；

2. 承包商早期介入阶段完成后，进入施工阶段，此阶段承包商需交付项目。

不同的 ECI 合同，同一 ECI 合同的两个阶段，付款方式差别较大。且委托人可以在 ECI 阶段与多个承包商签订合同，以促进竞争。订立合同时，范围、风险不确定，或/且设计不够成熟不能从市场上获得有竞争力的投标时，往往选择使用 ECI 合同。

- **市场导向的提案/非应标建议书**

虽然大部分公共基础设施仍然通过传统竞争性采购程序获得，也有相当范围的公共基建项目通过另一种（更加创新的）私人部门投资发展模式进行。包括来自私人部门的市场导向提案（market-led proposals，MLPs），也称作非应标建议书。

一项有效管理这类私人部门行为的策略，即制定具体程序，对政府如何回应市场导向提案提供一定程度的确定性和延续性。澳大利亚大部分州和领地都对市场导向提案实施设计精细的评估框架，以确保程序透明、可问责。这也说明人们总体上偏好竞争性市场导向提案，除非出现特殊情形。

《昆士兰市场导向提案评估指南》[①]（Queensland Guidelines for the Assessment of Market-led Proposals）规定，若与某一投标者进行排他性交易，则必须保证处于罕见特殊的情况下。是否罕见特殊由提案者主张。该指南中给出一些可能视为罕见特殊的情形：

（1）提案者拥有或控制某一片非常合适的选址；

（2）提案者拥有知识产权或其他法定权利，因而限制了其他竞争者实现同样或等效交付结果；

（3）提案者制定的方式与先前方式相比非常新颖，可形成全新的原创提案。

总体目标是政府所得物有所值。政府也表明非常注重风险规避。如果一项

---

① https：//www. treasury. qld. gov. au/publications-resources/project-assessment-framework/paf-guidelines-assessment-market-led-proposals. pdf？v＝5。

提案需要政府接受任何项目实质风险，或向提案者支付服务或设备价款，则非常不利于评估。提案者应当在整个评估过程中自我承担成本，符合政府的合理性成本要求。

截至 2015 年 9 月，除了西澳大利亚，所有州和领地都制定有非应标建议书政策。西澳大利亚也将很快出台相关框架。

昆士兰、新南威尔士和维多利亚采用类似的多阶段程序，对市场导向提案进行评估。

（1）提交前阶段：非正式提案审阅。

（2）初步提案：包括初步评估和战略评估。

（3）细节提案。

（4）最终约束性报价。

如果市场导向的提案未能推进达成协议，政府有可能寻求其他主体完成市场导向提案。

第六章 在澳大利亚设立企业及并购实务

中国投资者在澳大利亚展开经济活动的主要方式有贸易和投资两种方式。本章节重点阐述中国投资者如何在澳大利亚开设公司，以及如何在澳大利亚开展并购活动。

6.1 外资在澳大利亚设立公司

外国投资者可以在澳大利亚通过建立分公司或子公司的形式建立一家公司。

6.1.1 外资在澳大利亚设立分公司/办事处的条件与程序

在澳大利亚成立分公司，开展农业类商业活动，外国公司必须在澳大利亚证券和投资委员会（ASIC）（以下称为"ASIC"）登记为"外国公司"的形式。

一家外国公司是否可以在澳大利亚开展业务（农业及其他）由澳大利亚法律基本原则决定，且外国公司都必须遵守《澳大利亚公司法》（Corporations Act）和各项税法。一般而言，外国公司仅仅是在澳大利亚从事某些活动，如参加诉讼、召开董事会或股东会、开设银行账户或享有一定财产，不足以使其成为一家公司。

外国公司若想在澳大利亚登记成为一家分公司或办事处，必须先向 ASIC 递交申请，同时递交公司登记证书及公司章程性文件的经核证的副本。若这些文件不是英文的，公司应同时提供一份该文件经核证的英文翻译件。

外国公司必须在澳大利亚国内有登记的办公场所，且必须认命一名当地常驻代表在澳大利亚代理该公司。一旦在 ASIC 登记在册，该外国公司的运营必须遵守 2001 年《澳大利亚联邦公司法》［Corporations Act 2001（Cth）］（以下称为"《澳大利亚公司法》"），向 ASIC 上交年度财务报表副本以及履行其他各项该法规定的义务。

已登记的外国公司如有重要细节（如主要办公人员、股本或登记地等）变动时，必须及时通知 ASIC。外国公司终止其在澳大利亚的商业活动、公司清盘、解散以及在其本国注销登记时，也必须及时通知 ASIC。

6.1.2 外资在澳大利亚设立子公司的条件与程序

外国公司可以通过在 ASIC 登记设立一家新公司的方式，在澳大利亚设立其子公司。根据澳大利亚法律，公司具有独立法人资格，以其名义持有财产，独立承担责任。

澳大利亚的公司形式有两类：私人公司和公众公司。公众公司包括未上市的公司和在澳大利亚证券交易所上市的公司。私人公司的非雇员股东人数不得超过50人，且不可在澳大利亚进行融资活动。然而，从监管角度来看，私人公司的管理运行更为简单、成本较低。

澳大利亚公司必须在澳大利亚国内有登记的办公地点、必须有澳大利亚居民董事（公众公司两名，私人公司一名），并且，必须有一名澳大利亚居民担任公司秘书。

澳大利亚法律法规不限制澳大利亚公司股东的住所地，且对其持有的最低资本一般没有要求。

澳大利亚公司由其董事管理，但是，由其股东所有。股东通过作出普通决议或根据公司章程或《澳大利亚公司法》作出特殊决议来解决对公司发展有重大影响的问题。一般来说，股东以其未缴纳的出资份额为限承担有限责任。

董事对公司的日常业务管理承担个人责任。董事应自觉履行普通法及各项法律法规规定的义务，如注意审慎义务。在公司注销登记后，某些义务仍可能继续存续。任何未尽到上述法定义务的董事都可能为此承担相应违约责任。

公司董事最基本的义务就是为了公司最大利益行事。然而，当公司破产或处于破产边缘时，董事义务扩大至为公司债权人的利益行事。在此情形下，董事负有避免公司陷入更多债务的积极义务。董事可能因违反上述《澳大利亚公司法》项下有关破产交易的条款而同时面临民事和刑事指控。

澳大利亚公司运营必须遵守《澳大利亚公司法》、公司章程性文件（如：公司章程、股东协议）和普通法。

6.2 收购与兼并

6.2.1 私营企业①的收购

• 目标公司类型

当一家外国公司想对澳大利亚某项农业业务进行投资时，它可能会选择收购此项业务的部分或全部财产，也有可能选择收购正在从事此项业务的公司的股份。上述两种在澳投资方式都只可针对私人股份有限公司和未上市的公众公司。收购结构的一般形式详见第1.3条。

---

① "私营企业"，不包括已在澳大利亚证券交易所或其他证券交易所上市的公司、担保有限公司、合伙企业以及非营利性法人。

- **股份转让限制**

澳大利亚公司的公司章程或股东协议（若有的话）一般都会明确规定股东有转让其持有的股份的权利，以及对此转让权的限制。例如，公司章程一般会规定，任何有意转让股份的股东在将其持有的股份转让给他人以前，必须先告知公司现有股东，以保障现有的股东按持股比例享有的优先认购权。

- **收购结构的一般形式**

收购，即买卖一项业务，包括买卖正在从事此项业务的公司的股份和买卖此项业务的资产。不同收购结构将会对交易双方产生非常不同的影响。

股权收购

通过买卖正在从事此项业务的公司的股份而进行的业务收购，较之买卖业务资产而言，较为简单，所需文件也较少。相关规定如下：

- 卖方可以通过转让其持有的股份的方式转让其在此项业务中享有的标的资产；
- 卖方无须将业务有关的合同转让给买方，尽管合同中的变更控制条款仍可能被触发；
- 除非适用合同中的变更控制条款，原政府授权书仍有效力；
- 买卖双方签署股份出售协议，从而使得适当的担保和补偿条款生效；
- 股权变动，但雇主不发生变动。公司所有雇员的雇用条款和条件不发生任何变动；
- 公司的实际债务和或有债务随股份转移至买方。然而，买方也可通过进行合理的尽职调查以及与卖方签订担保和补偿协议，以规避此风险。

资产收购

通过买卖业务资产的方式进行的业务收购，较为复杂，且须要相对较多的文件。相关规定如下：

- 卖方必须就每项资产进行独立转让；
- 卖方必须转让业务合同或更新业务合同（至少应满足买方对业务合同变动的要求）；
- 所有业务合同都必须独立转让（这可能需要第三方同意）；
- 买方必须取得政府授权书的转让许可或申请新的政府授权书；
- 业务合同中的不得转让条款和保密条款可能被触发；
- 买方必须为业务资产转让覆盖的所有雇员提供就业；
- 买方只承担其同意接受的公司债务（如果有的话）。

- **典型的交易文件**

投资者，在交易初期，可能签署以下任何一种文件：

- 协议条款书或谅解备忘录：主要涵盖交易的重要条款以及双方意向。

此文件由双方签署。

- 意向书、知会函和安慰函：主要涵盖交易的重要条款以及双方意向。此文件由一方签署。
- 条款清单：主要涵盖交易的重要条款。

若交易为买卖公司资产，则交易双方一般会准备下列文件：

- 保密协议。
- 业务出售合同和披露函。
- 交割文件：过渡期服务协议、转让的业务合同、拟定新的业务合同以及新的劳动合同。

若交易为买卖公司股份，则交易双方一般会准备下列文件：

- 保密协议。
- 股份出售协议和披露函。
- 交割文件：过渡期服务协议、股份转让合同、董事会和股东决议以及控制权变更同意函。

- **尽职调查**

尽职调查是指对与该法人或资产有关的信息、记录和文件材料进行调查和证实。尽职调查十分重要，因为其可使投资者充分认识到交易中潜在的风险，也有助于其对交易价格作出精明的决策。

一般而言，尽职调查包括以下三个部分：

- 法律、财务、会计以及技术信息的审查和分析；
- 估值、购买价格以及风险管理；
- 通过签订买卖合同完成交易。

尽职调查的范围通常局限于卖方上传至网络资料库的文件、可检索到的公共信息、管理层报告、资料备忘录以及卖方在提问环节中披露的信息。

尽职调查过程中实质性审查内容由被收购的公司或资产的性质决定。一般而言，实质性审查涉及以下内容：公司结构、财产、知识产权、商业行为（关键性合同）；雇佣状况；保险；环保问题以及诉讼。

尽职调查报告应涵盖所有尽职调查过程中发现的内容。一般而言，尽职调查报告应包含审的内容、尽职调查的发现和结果以及如何规避某些风险的建议。报告还应为交易确定风险等级，风险等级可划分为高风险、中等风险、低风险以及未知 4 个等级。

在尽职调查的最后，潜在的买方（包括业务资产买方和公司股份买方）必须结合尽职调查中发现的风险，决定其是否继续此项业务买卖还是终止交易。若尽职调查发现了一定风险，买方可以通过调整价格并将该等风险考虑到未来商业计划中的方式来处理，或者将该等风险写入出售合同，要求卖方承担补救风险的合同责任。

• **合同对价**

业务买卖合同的对价可以为现金、有价证券（如：买方公司股份、管理投资计划中的利益、可兑换的票据或其他），或现金和有价证券的结合。

• **外资投资的行政审批**

澳大利亚鼓励外国资本赴澳投资，但某些类型的外国投资必须经过一定的行政审批。

外国在澳投资应遵守 1975 联邦《外国并购法》（FATA）和联邦政府外国投资政策。澳大利亚外国投资审查委员会（FIRB）对外国投资方案进行审查，并就方案向澳大利亚联邦政府提供建议。负责对外国投资作出最后决定的联邦政府官员为澳大利亚财政部长。财政部长有权阻止有违国家利益的方案，或为维护国家利益对某些方案的具体实施附加一定条件。

任何在澳大利亚持有一定农业土地份额的外国人或政府投资者，无论份额大小，都必须在农业用地登记处（Agricultural Land Register）登记。澳大利亚税务办公室负责收集投资于农业用地的外国投资者的信息，此农业用地包括所有正在用于和应当用于第一产业的土地。

澳大利亚外国投资有关立法适用于存在外国权益的投资方案。此处"外国权益"指，非澳大利亚居民的个人以及外资享有"实质性利益"（现在为 15％或更多）的公司以及多个外国人持有总计超过 40％份额的公司。澳大利亚国会正在提议对有关外国投资管理体制作出一系列重大调整，其中包括将上述 15％的外资"实质性权益"最低标准上调至 20％。若国会最终批准了此提议，新规定将在 2015 年 12 月 1 日生效。

是否需要向澳大利亚外国投资审查委员会（FIRB）发出通知书由投资方性质、投资性质、其投资的行业领域以及拟投资金额综合决定。此"通知书"应符合法定形式和一定的附加信息。根据最新的澳大利亚外国投资管理体制，以下表格中的投资必须向 FIRB 通知：

投资性质	美国、日本、新西兰、韩国和智利投资标准	其他外国投资者（包括中国）标准①
收购公司权益或业务		
直接投资或由外国政府或其下属部门直接建立新公司	所有收购必须提交申报	所有收购必须提交申报

---

① 由于中国—澳大利亚于 2015 年 7 月 17 日签订了《中国—澳大利亚自由贸易协定》，在立法修正案草稿中，中国很有可能被划入 10.94 亿澳元的类别。

（续）

投资性质	美国、日本、新西兰、韩国和智利投资标准	其他外国投资者（包括中国）标准①
收购公司权益或业务		
收购一定份额的澳大利亚公司股份或业务资产的实质性②权益 收购一家澳大利亚子公司或其净资产超过相关限额的离岸公司	私人投资（敏感领域③）—2.52亿澳元及以上（年投资额）须提交申报 私人投资（其他领域）—10.94亿澳元及以上（年投资额）须提交申报	私人投资（敏感领域）—2.52亿澳元及以上（年投资额）须提交申报
收购第一产业的业务	私人投资（只限美国、新西兰、智利）—10.94亿澳元及以上（年投资额）须提交申报 政府投资—所有收购必须提交申报	新加坡和泰国私人投资—业务价值超过5 000万澳元时须经审查 其他私人投资（包括日本和韩国）—252 000澳元及以上（年投资额）须提交申报 政府投资—所有收购必须提交申报
收购媒体领域5%以上的份额	所有收购必须提交申报	所有收购必须提交申报
收购土地权益		
收购空置的非住宅用地	所有收购都必须提交申报	所有收购都必须提交申报
收购住宅房地产	所有收购都必须提交申报④	所有收购都必须提交申报
收购澳大利亚的城市土地⑤公司或信托公司的股份或单位	所有收购都必须提交申报	所有收购都必须提交申报

---

① 由于中澳于2015年7月17日签订了《中澳自由贸易协定》，在立法修正案草稿中，中国很有可能被划入10.94亿澳元的类别。

② 实质性权益指，在任何澳大利亚公司或信托中，单个外国人（和任何合作伙伴）拥有15%以上的所有权，或多个外国人（和任何合作伙伴）合计拥有40%以上的所有权，或者多个外国人（和任何合作伙伴）能够决定该公司或信托的政策。

③ 敏感领域指媒体、电信、交通、军事、加密/安全技术和通信，铀和钍提取、核设施。

④ 存在一些（非货币的）例外。

⑤ 城市土地公司和信托指，占有的澳大利亚非农村土地价值占其法人总资产的50%及以上的公司和信托。对此类"不动产富足"的公司的份额和信托单位的大多数收购都应遵守上述"单人20%和多人合计40%"的外资实质性权益门槛。

（续）

投资性质	美国、日本、新西兰、韩国和智利投资标准	其他外国投资者（包括中国）标准①
收购土地权益		
收购遗产名录上的已开发的非住宅性商业用地②·③	私人投资—10.94 亿澳元及以上（年投资额）须提交申报 政府投资—所有收购必须提交申报	私人投资—500 万澳元及以上须提交申报 政府投资—所有收购必须提交申报
收购未列于遗产名录上的已开发的非住宅性商业用地	私人投资—10.94 亿澳元及以上（年投资额）须提交申报 政府投资—所有收购必须提交申报	私人投资 5 500 万澳元（该数值每年调整）及以上须提交申报 政府投资—所有收购必须提交申报
收购农村土地④份额	私人投资（仅限美国、新西兰、智利）—1 094 000 澳元及以上（年投资额）须提交申报 政府投资—所有收购必须提交申报	私人投资（包括日本、韩国）—1 500 万澳元及以上须提交申报 政府投资—所有收购必须提交申报

6.2.2   上市公司收购

• 适用法律

在澳大利亚收购上市公司或者拥有 50 名以上股东的非上市公司股份，受《公司法》（Corporations Act）第六章的规制。另外，澳大利亚证券交易所

---

①   由于中澳于 2015 年 7 月 17 日签订了《中澳自由贸易协定》，在立法修正案草稿中，中国很有可能被划入 10.94 亿澳元的类别。

②   商业不动产包括空置的和已开发的不动产，例如写字楼、工厂、仓库、酒店、商店和某些矿权地和运营。当一片矿权地被开发为一个运营中的矿厂，则会被视为已开发的商业不动产。

③   以下收购行为也必须征得政府批准：收购矿业用地、采矿权、采矿租用地和生产许可证，包括收购使收购人（在收购时）有权直接占有租用或生产许可证上的澳大利亚城市土地超过 5 年或享有分享开采澳大利亚城市土地所得利益的权利的部分租用或生产许可证权利。然而，勘探许可证一般不被认为会使收购人有权享有一定土地利益，由于勘探许可证持有者无权占有土地且持有期限一般少于 5 年。

④   "农村土地"指，完全用于或排他地用于种植特定种类的农作物的土地。农业土地登记制度于 2015 年 7 月 1 日建立，由澳大利亚税务办公室（ATO）负责实施。

（ASX）的规定和规则也适用于上市公司。

《公司法》规制所有下述收购：

- 上市实体的表决权证券。
- 非表决权股份。
- 其他证券，包括可转换债券和已发行或未发行证券的期权。

一般原则：收购规定基于一套旨在保护股东的原则，并规定公开公司的控制权应该以一种透明、公平且平等对待全部股东的方式进行过渡。这些原则如下（《公司法》第 602 条）：

- 控制权的收购应该在有效的、可竞争的和信息公开的市场进行。
- 目标公司的股东和董事应该：
  - o 了解任何拟收购目标公司实质性权益的收购方的身份；
  - o 有合理的时间考虑收购方案；
  - o 得到足够的信息，以评估其价值。
- 目标公司的股东应该有合理的和同等的机会分享来源于收购方案的利益。

这些原则形成了基本收购禁止（见以下所述）和《公司法》第六章中其他条款的基础，详细规定了在澳大利亚进行收购的各个方面。这些原则也构成了向并购委员会（Takeovers Panel）提出与收购有关的挑战以及由该委员会做出的关于收购决定的基础。

收购禁止的情形：第六章中关于收购禁止的情形适用于收购所有澳大利亚上市公司的权益、上市管理投资计划（信托）和 50 人以上股东的非上市公司。

按照收购禁止的情形，如果某人的收购会造成某人在公司的表决权：

- 从低于 20％增加到 20％以上。
- 在大于 20％且小于 90％的区间之内增加。

则该人不得取得该公司已发行的表决权股份上的相关权益和上市管理投资计划的表决权相关权益。

实践中，本规则有一些允许的例外情形，其中包括：

- 经目标公司股东批准后的要约收购或协议安排（Scheme of Arrangement）；
- 允许的爬行式收购；
- 经非关联股东多数同意的收购。

超过 20％收购上限（例外情形除外）进行收购的人构成违规，并受法院或并购委员会发出的命令的处罚，包括撤资和限制其对证券的表决权。

虽然禁止是针对表决权证券，但是，该禁止对于希望出售澳大利亚公众公司大量持股（尤其是 20％以上持股）的股东可获得的期权也有相应的限制效果。

关键定义：相关权益、表决权和关联方的概念对于理解收购条款是关键性的概念。这些概念的定义宽泛，扩大了收购限制的范围：

- 相关权益：如果以下任何一项适用于某人或实体，则该人在某证券上享有相关权益：

  o 该人是该证券的持有人；

  o 该人有权行使或控制行使该证券上所附的表决权；

  o 该人有权处置或控制处置该证券。

- 表决权：某人的表决权指，就某实体全部表决权证券上所附的表决权总数而言，该人及其关联方拥有相关权益的全部表决权证券上所附的表决权比例。

- 关联方：某人的关联方是定义非常宽泛的一个词语。总之，如果以下任何一项适用，则两人之间相互关联：

  o 某人控制另一人或两人共同受控于第三人；

  o 为控制或影响相关实体董事会或事务之目的，两人之间有协议、谅解备忘录或安排（无论是否可以依法强制执行）；

  o 关于相关实体的事务，两人协同行动或拟定协同行动。

- **监管机构**

  收购和合并上市公司活动的主要监管机构是澳大利亚证券和投资委员会（ASIC）。ASIC 监管公司和注册管理投资计划的运作，并监管对包括收购法在内的证券相关法律的遵守。ASIC 对《公司法》的遵守进行监管，并有许多其他权力，特别是有权对收购相关方的行为和证券交易活动进行调查。

  某些交易也可能要求以下机构的审批：

- 澳大利亚审慎监管局（APRA）：希望在澳大利亚开展银行业务的公司必须向 APRA 申请授权。

- 澳大利亚外国投资审查委员会（FIRB）：为 1975 年《外国并购法》（FATA）之目的，一般情况下，外国收购方必须按照 FIRB 的建议向澳大利亚财政部申请批准。

- 澳大利亚竞争和消费者委员会（ACCC）：ACCC 执行 2010 年《竞争和消费者法》（ACC）（前 1974 年《交易实践法》）。如果收购对澳大利亚主要市场具有或可能具有大大降低竞争的效果，该机构可能涉及到收购活动。

- 澳大利亚证券交易所（ASX）：如果在 ASX 上市，目标公司或收购方将受某些 ASX 规则的规制。

- 法院：在澳大利亚的协议安排交易需要得到法院的批准。

  在澳大利亚，涉及公共收购争议解决的主要机构是并购委员会。并购委员会是为快速有效解决争议组建的富有经验的专家小组。

• 取得公开公司控制权的主要方式

对在澳大利亚证券交易所（ASX）上市的公开公司和管理投资计划机构的收购，通常采用要约收购或法院批准的协议安排的方式。

由于对收购的限制，拟收购上市公司或 50 人以上股东的非上市公司 20% 以上股份的人必须通过要约收购或法院批准的协议安排的方式进行收购。

要约收购

要约收购分为两种：场外要约收购和场内要约收购。

场外要约收购：指收购方分别向目标公司全部股东发出购买其证券的相同要约的方式进行收购。场外要约收购通常以是否满足某些条件为先决条件，其中包括：

- 达到接受的最低条件（通常为 50% 或 90%）。
- 取得专项监管批准，例如外国投资或反垄断批准。

场内要约收购：场内要约收购指通过 ASX 取得挂牌证券的方式进行收购。收购方将通过一家指定经纪人以规定的要约价格取得目标公司的全部证券，并对场内按该价格进行的其他交易享有优先权。场内收购必须使用现金并且是无条件的，这看上去风险较高且灵活性较低。但是，此种方式的收购能够在公告后几日之内予以实施，使其成为合适的市场环境下的一种高效的收购工具。

协议安排

协议安排指某实体经其股东同意后根据《2001 年公司法》（联邦）第 5.1 条按照法院批准的程序完成合并。

提议须经出席并在协议安排会议上表决的各类目标公司股东中持股价值 75% 以上的股东或 50% 以上的人数同意（不包括收购方或其任何关联方的任何表决）。法院对计划的批准可以行使一般决定权。协议安排是"收购全部或不进行收购"：收购方必须收购 100% 的证券，否则，不得进行收购。

协议安排仅适用于公司，但是，上市管理投资计划（信托）通常需经 75% 的股东同意后方可实施非正式的信托计划，以将具有约束性的计划相关条款加入到其章程之中。

取得控制权的其他方式

取得上市公司控制权的其他方式包括：

- 爬行式收购：指逐步取得目标公司的股份（每 6 个月取得 3%）。
- 经非关联股东多数批准的收购。
- **收购前程序：保密、收购前与主要股东商谈、股份增持、承诺资金**

收购前的保密规定

拟对上市公司展开股权收购，一般而言都属于需披露的价格敏感信息。但是，收购提议作为不完全的和保密的提议，按照持续披露规则的例外，此类信息无需进行披露。然而一旦泄密，则要求立即予以披露。

为此，收购提议需要建立在严格保密的基础上。关于收购提议的讨论通常被强调为性质上属于初步性的（需在谈判后的适当时间完成任何要约的商业条款），并未做出正式的要约。

收购前的商谈

在上市公司公告要约收购或协议安排之前，收购方可能希望与目标公司的主要股东进行商谈。这可以是直接收购该股东的一些或全部证券，或与这些股东就接受以后的要约收购达成协议。在此情况下，与这些股东间的协议需遵守最高 20% 的收购上限。

如果收购方决定在启动要约之前建立目标公司的股权仓位，主要的股权仓位建立策略如下：

- 由收购方在场内或通过与现有股东协议在场外收购证券。
- 与现有的重要股东达成协议（锁定或期权）。
- 关于目标公司的证券采取衍生工具持仓。

上述收购前安排可使收购方在收购前建立战略仓位。目的是使其收购有力，增加对目标公司董事会的压力，以便于积极应对收购并阻止潜在竞争者开始敌意收购。

对于收购方来说，重要的是谨慎计划和实施收购前的安排，以避免一些法律陷阱。需特别关注的方面如下：

- 保密：收购方需要确保有适当的保密协议，以避免披露义务并使交易风险最小化。收购前保密协议通常包含防止内幕交易和协同事项的条款（见下）。
- 内幕交易：如果希望购买收购前的股权，收购方必须遵守澳大利亚内幕交易相关法律。这项法律旨在防止掌握重大价格敏感性信息的人进行证券交易。为避免泄露行为，他们必须确保，禁止任何参加收购前商谈的股东在得到未来收购内幕信息时与第三方进行目标公司证券的交易。但是，（关于自行计划启动收购的交割敏感性信息）收购方的自身意图属于交易违规的例外情形。
- 协同：在收购前商谈期间，重要的是确保收购方和任何股东之间没有为控制或影响目标公司董事会或目标公司事务之目的，进行任何（书面或其他方式的）协议或安排。这些安排可能在各方之间产生协同关系，要求凝聚各方相关权益并潜在地产生过早披露义务或违反 20% 的上限。因此，商谈通常是在临时和非约束性的基础上进行，直到各方准备好签署正式协议。

- 间接利益：在要约收购的情况下，收购方向部分而不是全部股东提供利益是不合法的，这可能是引诱股东接受收购要约。虽然间接利益在协议安排方式下未被禁止，但是，为对计划进行表决之目的，收到利益的股东可能属于另一类，此类需要分别审批。

作为与目标公司股东签署收购前协议的替代（或补充），收购方可以寻求使目标公司的股东公开宣布他们有接受要约的意向。之后，收购方可以依赖收购政策的真实性（市场参与者应该遵守他们向市场做出的陈述），以迫使股东按照陈述进行行动。

收购前建立基础股权仓位

如上文所述，收购方通常会在上市公司公告要约收购或协议安排之前，与目标公司的主要股东进行商谈，取得对方持有的部分（全部）股权，或者取得对方的认可。那么，在实践中，如果收购方决定在公布收购之前建立目标公司的股权（通过直接持股或使用衍生工具）仓位，有什么披露要求、限制或时间表？

以下内容则是收购方在采用任何建立股权战略之前需要考虑的重要方面：

- 重大持股：收购方在上市公司或上市管理投资计划中有重大持股是指，收购方或其关联方有相关权益的附加表决权股份或表决权权益为目标公司全部表决权股份或表决权权益的5%或5%以上。如果收购方有重大持股，则收购方应在两个交易日内向澳大利亚证券交易所提交其重大持股的申报通知，连同一份其获得相关权益的协议的复印件。这意味着，与持有目标公司5%以上表决权股份或表决权权益的股东之间的任何收购前协议必须公开予以披露。
- 收购上限：收购方只能以某些规定方式（参见2.1节）收购目标公司20%以上的股权。因此，在启动收购之前，收购方可以在短期时间内（小于两个交易日）收购接近20%的股权，以避免需要做出大股东披露。
- 外国收购方：外国收购方收购15%以上的股份必须向外国投资审查委员会（FIRB）申请批准。
- 股价：对目标公司股份的收购为以后4个月内进行的要约收购设定了最低价格。因此，收购方在建立股权的过程中不应支付高于其希望按照要约收购证券的金额（参见2.5.3节）。
- 协议安排：在协议安排的情形下，要求股东同意（经多数有表决权的股东同意且相关决议获得75%以上的票数通过）意味着目标公司的任何收购前股权增加了持异议股东的相关表决权。

承诺提供资金

澳大利亚法律不要求在公布要约时承诺提供资金。

要约可能以是否获得资金为条件，但收购方在公布要约时需要有合理的获得资金的预期。

- **收购程序：信息披露时间表、要约条件、对价、交割**

无论使用要约还是协议安排方式进行收购，收购一家上市公司要比收购非上市公司的程序复杂得多，不仅需要向公众做出详细的披露，而且全程都会受到监管。

以下内容是收购一家上市公司必须要遵循的工作程序。

要约公告及信息披露时间表

在收购方明确决定其将进行要约收购时，收购方需要通知目标公司这项决定，并立即通知澳大利亚证券交易所（ASX），告知这两方该要约收购的条款和条件。

持续性披露义务也要求目标上市公司将立即通知 ASX，告知其任何理性之人将预期对企业证券价值有重大影响的信息。关于该等信息，上市规则所述的一个范例是发出或收到有收购意向的通知。如果在公告之前不能保密，则应该做出公告，说明已肯定的事实。该公告也应该明确说明因任何此类原因而可能停止收购。

关于收购实施的谈判（如果谈判仍然是保密的），一般情况下仅可以在签署收购实施文件后予以披露。

要约有效期至少一个月。但是，通常需要大约 3～4 个月的时间成功完成要约并进入强制性收购。竞争性收购可能造成要约时间表的延误，尤其是当收购方取得锁定股权的时候。

要约条件

场内收购必须是无条件的。这意味着必须在公布投标之前取得所有的监管批准。为此，场内收购不太常用，因为收购方获得的保护小于条件允许的场外收购。

澳大利亚《公司法》禁止某些条件，包括：

- 规定最高接受标准的条件（允许收购方撤回要约的条件，或者，如果接受超出一定标准，允许降低收购的最大对价的条件）。
- 允许收购方从一些但不是全部接受要约的人那里取得证券的歧视性条件。
- 允许收购方主观决定是否收购成功的条件（自行触发收购条件）。

以下是场外收购要约或计划实施协议规定的一般条件：

- 监管批准：这包括澳大利亚证券和投资委员会（ASIC）和澳大利亚证券交易所（ASX）已经给予同意或各方已经同意收购有必要继续的其他批准（参见第 2.2 节，监管机构）。

- 限制：收购通常的条件是没有法院命令或监管机构没有采取措施，以阻止拟定收购。
- 独立专家：如果收购方持有目标公司 30％或 30％以上的股份，或有收购方和目标公司有共同的董事，目标公司必须委托独立专家出具关于要约对少数股东是否合理的报告。但是，即使在法律没有要求的情况下，出具独立专家报告也是一个常见的条件，因为目标公司董事会常常寻求依赖独立专家报告来判断收购的估价和对策。
- 无规定的事件发生：这包括在以下情况下要约不能继续的条件：
  o 如果目标公司无力偿还债务；
  o 如果目标公司实质性改变其业务的性质；
  o 以某些方式处理其股本，例如：减少股本或发行新股。
- 无重大不利变化：这包括各方在编制财务报表时没有被忽略的将对关键方面（主要是与资产和利润相关的方面）有负面影响的事件。重大不利变化的概念总是将因收购或计划实施协议所引起的经济条件变化、监管变更或条件变化的事件排除在外。
- 提供资金：收购要约可以将收购方取得资金作为条件之一。

有些条件是专门针对协议安排的。这些包括计划以目标公司股东按照《公司法》要求经法定多数同意和所需的法院批准为条件。

对价

在（通过 AXS 就上市公司证券做出的）场内收购中，澳大利亚《公司法》规定，必须以现金进行收购。场外对价可以采用现金、证券（例如股份）或两者结合的形式。

对收购价格的限制是，所提出的价格必须至少等值于收购方或其关联方在过去的 4 个月间为目标公司证券支付的最高价。

- **收购后程序：强制性收购少数股东的股权、退市**

强制性收购少数股东的持股

澳大利亚法律规定有挤出（squeeze-out）程序（也被称为强制性收购），如果收购方发生以下两种情形，允许收购方收购其余的股份：

- 已经收购上市公司发行的 90％以上证券的相关权益；
- 已经收购其提出收购的至少 75％的证券。

90％的上限解释了为什么许多交易是通过协议安排的形式而完成的。可以通过协议安排程序实现法定挤出。法院召开计划会议以使股东能够批准挤出程序，如果在出席计划会议并表决的股东中，至少持股价值 75％的股东和人数在 50％以上的股东给予同意，法院将允许挤出。注：计划会议上的表决结果常常会远低于 100％。

澳大利亚《公司法》中也有关于某人成为某类证券 90％ 的持有人之后 6 个月内可以取得该类证券的一般挤出规定。

退市

上市公司可以在任何时间向澳大利亚证券交易所（ASX）申请退市。但是，ASX 不得被要求按申请办理；并且，ASX 可以要求上市公司首先满足某些条件才允许其退市。条件通常都是由股东批准的。

ASX 将在法定收购后自动使公司退市。在 ASX 决定之日交易结束时，公司退市。

第七章　澳大利亚四个农业细分领域的立法及监管概览

澳大利亚是农业大国，是世界上绵羊数量和羊毛出口最多的国家，同时也是重要的牛肉和小麦出口国。近年来，澳大利亚农业发展呈现出高速增长态势，这与澳大利亚农业现代化进程密切相关。

澳大利亚农业现代化的普及程度，从其立法层面也能看出。本章节主要阐述作物种子业务、植物品种权、转基因作物、动物进口和基因专利四个农业细分领域的立法及监管概览，供中国投资者投资该领域时参考。

7.1　作物种子业务

7.1.1　作物种子行业相关法规及监管机构

• 法律法规

自澳大利亚各州（塔斯马尼亚州除外）废止种子立法并代之以自愿种子认证计划以来，澳大利亚作物种子行业在很大程度上处于自我监管状态。然而，许多联邦和州关于植物产品进出口、生物安保、转基因生物和植物产品相关知识产权监管的法规都以各种方式适用于作物种子行业的商业活动。这类法律包括：

- 《检疫法》（1908）（澳大利亚联邦法院法）。
- 联邦生物安保法律［例如，《生物安全和农业管理法》（2007）（西澳大利亚州）、《生物安保法》（2014）（昆士兰州）和《植物生物安保法》（2010）（维多利亚州）］。
- 《基因技术法》（2000）（澳大利亚联邦法院法）和相应的州立法。
- 《植物育种者权利法》（1994）（澳大利亚联邦法院法）。
- 《专利法》（1990）（澳大利亚联邦法院法）。

依照《检疫法》（1908）（澳大利亚联邦法院法）和各州生物安全立法，联邦政府和各州及领地可能禁止或限制将植物或其余项目（包括作物种子）进口到澳大利亚或其相关州及领地。这类禁止或限制意在阻止疾病或有害虫种的引入和传播。因此，在将作物种子引入相关州和领地之前，应调查相关州和领地适用的检疫限制。

《种子法》（1985）（塔斯马尼亚州）对作物种子在塔斯马尼亚州的出售和

标记规定了各种要求和限制。

澳大利亚采纳了《国际植物保护公约》（IPPC，International Plant Protection Convention）秘书处制定的国际植物卫生标准。澳大利亚 IPPC 秘书处的目的是确保 IPPC 植物卫生标准得以实行，并符合澳大利亚的贸易目标。在联邦层面，农业部生物安保服务小组负责确保澳大利亚履行其在 IPPC 下的生物安保及进出口义务。各州农业部门负责执行各州及领地内部和州际检疫控制规定，其目的是为了遵守澳大利亚在 IPPC 下的义务，例如各州和领地的植物疾病防治机制。

- **监管机构**

历史上，澳大利亚种子认证制度由各州和领地经由各州授权的机构在各州和领地内实施。

2002 年 6 月，（澳大利亚种子联合会和澳大利亚粮食委员会的）一份行业主导建议案促成了澳大利亚种子管理机构（ASA，Australian Seeds Authority）的设立。澳大利亚联邦农业、渔业和林业部许可指定 ASA 作为国际经济合作与发展组织（OECD，Organisation for Economic Co-operation and Development）种子计划在澳大利亚的国家指定机构以及澳大利亚种子认证计划的负责机关。ASA 资金主要来源于种子行业企业和个人的会员费以及种子生产认证的费用和收费。

除种子认证之外，各州和领地政府的农业部门拥有检疫职能和负责对进入各自管辖领域的种子进行检查。

- **行业组织**

ASA 在澳大利亚两大国家种子行业组织享有同等的成员资格：

- 澳大利亚粮食生产者协会（GPA，Grain Producers Australia）。
- 澳大利亚种子联合会（ASF，Australian Seed Federation）。

GPA 代表种子生产者的利益，ASF 则代表种子商业链条领域的利益。ASF 同时作为国际种子联合会（ISF，International Seed Federation）和亚太种子协会（APSA，Asia Pacific Seed Association）会员在国际层面开展运作。种子经销商需要确保合格种子的销售符合各州或领地的种子立法（在塔斯马尼亚州依旧适用）和 ASF《种子标签和销售国家实践规范》的规定（这一规范仅对 ASF 成员强制适用）。

- **代理机构**

为确保种子认证运作程序的顺利进行，ASA 通过正式授权协议将认证服务资格授予三个认证机构，这三个认证机构分别是澳大利亚种子服务公司、安硕公司（AsureQuality）和 Agwest 植物实验室（Agwest Plant Laboratories）。为了达到全国层面的统一，这三个机构均需要按照适用的 ASA 技术标准从事种子认证工作，并接受国家检测机构协会的独立审计。

7.1.2 参与部分领域经营的审批/许可要求

• 新植物种类或品种进口和粮食作物种植技术的进口

需要进口检疫材料的企业，首先应当向农业部进口条件数据库（ICON，the Department of Agriculture's Import Conditions Database）查询现行进口要求。进口方可能需要向农业部提交进口检疫许可申请才能获得进口许可。为各类最终用途的种子寄售进口都需要满足农业部关于种子污染和允许误差的标准（这一标准在农业部网站上可以获取）。

• 设立研发中心和新作物实验区的使用

整体上，针对设立研发中心和新作物实验区的使用，澳大利亚对外国企业并没有特别规定或限制，但是，关于转基因作物实验区，请参见"转基因作物实验区相关规定和要求"部分。

OECD 已经制定了关于实验区控制和种子作物田间检验的指南，作为"OECD 种子计划"的一部分。

粮食相关的研发由粮食研发公司（GRDC，Grains Research and Development Corporation）负责协调。GRDC 为一家法人企业，依照《初级产业研发法》（1989）（澳大利亚联邦法院法）设立。其主要目标是通过促进世界级创新的发现、发展和实现，来增强澳大利亚粮食种植者的生产力、盈利能力和可持续发展，进而造福于整个行业和更广泛的群体。

GRDC 的主要资金来源是种植者税收和政府出资。这类税收以 25 类由谷物、豆类和油籽组成的农作物年产农场净收入为征税基础。

研发申请需要经过投标程序。评估小组会依据各种项目的优先性、选择标准、成本分析、GRDC 的现有组合以及接受申请将带来的有利结果进行评估。GRDC 也欢迎提交各类项目的意向书。

澳大利亚食糖研发公司、棉花研发公司和农村行业研发公司分别在食糖、棉花和大米、牧草种子相关研发领域履行类似于 GRDC 的职责。这些机构同样是由联邦政府依据《主要行业研发法》（1989）（澳大利亚联邦法院法）设立的法人企业。

• 作物种子的生产

为了通过 ASA 认证，育种者须确保满足相关标准。此外，对于作物种子生产商（无论国外或国内）均没有许可的要求。

• 商业作物的生产

依据《植物育种者权利法》（1994）（澳大利亚联邦法院法），植物育种者权利（PBR）赋予植物育种者权利持有者对于注册植物新品种的独家销售权。

植物育种者权利持有者能够授权许可进行相关材料的生产或再生产、提供出售或出口相关材料。个人使用、非商业目的使用以及实验室使用不违反植物育种者权利。

在向种植方出售某一项植物育种权时，植物育种权所有人或被许可商业化的一方和种植者双方之间即成立具有法律约束力的合同。除合同另有约定之外，种植者不得出售、交易或赠与受植物品种权保护用于育种的种子品种。为了提高效率和一致性，澳大利亚已建立了一项行业标准许可。植物育种者权合同同样需要设立终点使用费的付款条件，以向植物品种权所有人支付相关品种种植的费用。

此外，对于外国企业进行商业作物生产，没有特别限制。但需要注意关于转基因作物的规定，请参见"转基因作物"部分。

- 种子或作物的销售（批发/零售/电子商务）

在进行种子国际出口时，出口方需要满足 OECD 计划的规定。

植物育种者权利协议将包含种植方和获得商业许可的被许可人的销售权利。部分合同允许种植方之间对品种权进行自由交易，但此类权利可能仅限于某一州之内的交易。

在进行外国种子进口时，无论是进入澳大利亚、某一州或某一领地，进口方需要遵守检疫、生物安保和植物疾病控制的相关规定。

7.1.3　澳大利亚作物领域相关标签要求

依据《相互认可法》（1991）（澳大利亚联邦法院法），在某一州进行生产或进口至某一州的商品可以在不需要满足另一州的其他标准和要求（如，包装和标识标准）的情况下在该另一州进行销售。

澳大利亚种子协会（ASF）制定了一项适用于 ASF 所有成员的操作准则，旨在使种子标识和销售领域建立统一的国家标准。这一准则适用于销售和提供用于播种的种子，如果采用这样的标识，则不适用于育种、实验性目的或用于牲畜饲养或鸟食的种子。

准则列举了商品标签或包装的强制性最低细节规定：

- 物种：以质量比或百分比的形式注明种子批中现有各物种的通用或植物名称。
- 化学/添加剂处理：应当注明所有相关化学/添加剂处理。
- 生物处理：应当注明所有生物处理。
- 申请细节：申请日、批次或种子批编号以及申请处理的个人或公司的姓名或名称、地址。
- 包装质量：物品净重或种子数量。对于单一物种的经包装或压成丸的园艺种子，在包装或压制程序上增加超过 5% 裸种净重以及使用超过 10 千克包裹包装的情况下，需要满足以下强制标识要求之一：

√ 种子重量比例；

√ 种子数：每千克或每千粒重的种子或种子丸粒。

- 批次标记：应当注明用于确定包裹具体的种子批次来源的数字、品牌或编码，包裹堆放时，标识应当可见。
- 出售方：种子出售方、经销商和包装方的名称和地址，或标记名称的注册品牌。
- 分析证书：农业种子包裹需要标明如下即时可见的内容："经要求，可获得本品种子测试报告证书"。

塔斯马尼亚州的《种子法》（1985）（塔斯马尼亚州）规定了适用于本州种子包装的类似强制标识要求。

7.1.4 对种子行业外商直接投资（FDI）的限制

澳大利亚对种子行业没有特别的外商直接投资方面的限制。

7.1.5 近期典型案例及种子行业法律和实务发展

近期这一领域唯一的典型案例是 Baxter 案，该案涉及粮食种植方使用转基因菜籽油导致其邻居有机认证被撤销的侵权责任。

近期作物种子行业的主要监管发展：

- 放松管制：废止了作物种子行业相关法规，为自愿认证制度的建立提供方便，目的是最大化市场对特定种子品种的生产标准、特别是纯度的信心。
- 州生物安全立法：目的是增强普遍适用于澳大利亚各州的生物安全体系。

7.2 植物品种权（Plant Variety Right）

1989 年 2 月 1 日，澳大利亚政府加入《1961 年保护植物多样性国际公约》（此前的两次修订分别在 1972 年 11 月 10 日和 1978 年 10 月 23 日）。澳大利亚政府于 1999 年 12 月 20 日同意该公约 1991 年 3 月 19 日的修订（这一修订于 2000 年 1 月 20 日生效）。

7.2.1 植物品种权的注册程序

澳大利亚植物品种权应当依据《植物育种者权利法》（1994）（澳大利亚联邦法院法）（《植物育种者权利法》）进行注册，申请人需要向植物育种者注册机构进行申请，并满足相应两部分程序：

第一部分，要求提供：

- 申请人和育种者的详细信息。
- 植物品种的来源（包含和相似植物品种的对比）。
- 用于审查的植物品种的图像证据。
- 经认证的外国植物育种者权利的申请副本（若适用）。

植物育种者权利申请一旦被接受，植物品种则进入"临时保护"。

第二部分，是植物育种者权利的审查。要求申请人在申请被接受后的 12 个月之内提交如下材料：

- 植物品种的显著性特征的细节（包括生长轨迹的细节）。
- 由具备相关资格的人员提供的确认植物品种细节的证明。

在植物育种者权利申请进入注册程序之前，植物品种传播物质需要提供给遗传资源中心，样本植物则需要提交给官方的植物标本馆。之后，传播物质将用于生长测试来确认植物品种的特殊性、一致性和稳定性。

审查之后，该植物育种者权利申请的细节将被公布在《植物品种杂志》上，并于公布之后的 6 个月间公开接受异议。

7.2.2 相关植物品种权保护的法律和程序

- **保护条件**
- 有育种者：该品种的发展是经人为介入而非自发发生。
- 有显著性：该品种可以与一般人常识所了解的品种相区分。
- 一致性：该品种在可能经育种发生的变异中保留相关特性。
- 稳定性：该品种在重复育种后仍保留相关特性。
- 未曾被使用或仅在近期被使用：除非该品种已经被育种者出售给他人或经其许可出售给他人。
- **保护期限**

《植物品种保护公约》第 19 条和《植物育种者权利法》规定，树木和葡萄的保护期限为自注册之日起至少 25 年，其余植物的保护期则至少为 20 年。然而，《公约》还规定，各国可以设定更长的保护期限。

在澳大利亚，植物育种者权利顾问委员会（PBRAC，Plant Breeder's Rights Advisory Committee）负责评估保护期限延长的要求。经授予，延长的期限适用于所有特定类别植物品种的植物育种者权利，而不仅仅适用于所要求的特定植物品种的植物育种者权利。

作为个人的延期申请人必须向 PBRAC 说明：

- 要求的延长期限：永久还是固定期限。

- 寻求延长期限的理由：包括对存在问题的描述和延期为何能解决问题。
- 延期的相关植物品种类别。
- 对政府延期理由的说明。

部长将根据对申请的判断决定是否延长或不延长植物育种者权利的期限，或采取其他政府措施。

- **对权利持有人的权利限制**

依据《植物育种者权利法》，育种者权利不适用于私人或非商业目的行为，如供实验目的。这类使用无需获得植物育种权利所有人的同意或向其支付任何报酬或许可费。

此外，植物育种权利不适用于其他品种的培育。除非存在豁免，这同样包括受《植物育种者权利法》保护的植物品种培育的新品种。

- **农场主特权**

《植物品种保护公约》第 15（2）条规定，成员国有权制定法律允许农场主享有使用由其土地上种植的植物品种收获的产品来进行进一步育种的权利。

澳大利亚在《植物育种者权利法》下引入了该条例外规定，除非植物品种被宣布为不适用该例外。《植物育种者权利法》第 17（1）条作出了相关规定。未经植物育种权所有人授权，农场主不得采取任何"超出进一步使用农场收获的种子"的行为。

7.2.3 植物品种权侵权

植物育种权侵权行为可被诉至联邦法院，法院可发布禁止令、判决赔偿损失或返还获得利益。被告也可以植物已不是新品种为由申请撤销植物育种权。

根据《植物育种者权利法》，个人若被发现故意违反侵犯植物育种权人权利或故意作出其自身或植物品种受植物育种者权利保护的虚假陈述，则可能被追究刑事责任。

7.2.4 近期典型案例

Elders 乡村服务有限公司诉植物育种者权利注册局一案中，联邦法庭明确了现有《植物育种者权利法》（1994）（澳大利亚联邦法院法）和被废止的《植物品种权利法》（1987）（澳大利亚联邦法院法）的关系。

旧法案中的"植物品种权（PVR）"在新法中被称为"植物育种者权（PBR，Plant Breeder's Right）"。该案涉及新法案过渡时期的一些法律适用问题。

该案表明，一旦授予一项植物品种权，即被认为是授予了新法下的植物育种者权。同时，也适用于新法中的相关权利。

7.3 转基因作物

迄今为止，澳大利亚还未签署《卡塔赫纳生物安全议定书》（2002 年），但已建立了自己的相应机制，对基因技术进行监管。

澳大利亚政府支持新兴挑战（全球粮食供应）并保护环境（减少化学品使用）和消费者（更健康的产品），因此，澳大利亚政府的政策对基因技术持支持态度。

澳大利亚政府粮食研发公司对基因技术和转基因作物的开发和使用进行投资的前提，是其认为相关技术和使用能够持续促进农业经济、环境或经济利益。

各州和领地有权决定其是否允许转基因作物在全部或部分管辖地区进行生产。

塔斯马尼亚州近期无限延长了对转基因生物商业使用的禁止期限，南澳大利亚的转基因食物作物至少将延期到 2019 年。澳大利亚首都领地已经发布了对转基因菜籽油商业使用的禁止令。

作为特例，西澳大利亚和新南威尔士州允许转基因菜籽油的商业种植。同样，允许在西澳大利亚的部分区域进行转基因棉花的商业种植。2015 年 3 月，西澳大利亚政府曾预示转基因作物种植将不再需要审批，但目前公众反对意见依旧支持"无转基因作物政策"。

昆士兰州和北部领地还未制定相关禁止立法。维多利亚州目前也没有任何相关禁止规定。

7.3.1 基因工程的监管及法律规定

依据《政府间基因技术协议》（2001），联邦、州和领地政府均同意建立一个全国统一的基因技术监管体系。

转基因生物监管框架包括：《基因技术法》（2000）（澳大利亚联邦法院法）、《基因技术规定》（2001）（澳大利亚联邦法院法）和相应的州和领地立法。相关基因技术监管机构负责法案的管理和实施。

这一框架在三个层面运行：

- 基因作物必须在进入市场和进行商业种植前经过监管机构的评估。
- 转基因食物必须经过澳大利亚新西兰食物标准机构批准销售之前评估为符合人类食用安全。
- 为了给予消费者提示，转基因食物需要依据《澳大利亚新西兰食物标准法典》进行标识。

法案禁止任何转基因生物的交易，除非该交易为：

- 基于封闭使用或人为环境释放，经监管机构许可。
- 一项需申报的低风险交易。
- 被豁免的交易。
- 经转基因生物注册机构注册。

监管机构在监管和实施许可条件上有广泛的权利。未经许可或违反许可条件的转基因生物交易可能导致刑事责任，处罚包括最高达 5 年的有期徒刑或 34 万澳元的罚款。

部分州或领地立法中包含了针对在被允许区域外进行转基因作物种植的处罚。

7.3.2　转基因作物的安全性评估和监管

- **许可申请**

基因技术监管机构负责转基因生物交易许可的发放，包括制定标准和为实地测试以及商业种植提供授权。

监管机构仅在相关风险可以被控制（包括设置许可条件）、满足保护人类和环境的健康、安全要求的情况下颁发许可。监管机构必须在考虑多种因素，包括接受的申请、相关政策指南和相关机关和机构的建议的前提下，进行风险评估和制定风险管理计划。

监管机构可能需要多达 255 个工作日才能作出许可与否的决定，同时取决于许可申请相关的具体交易情况。

- **转基因食物进入市场前的评估**

澳新食品标准局（FSANZ，Food Standards Australia New Zealand）负责依据《使用基因技术生产的食品标准 1.5.2》进行转基因食物进入市场前的评估。通常，转基因动物饲料同样需要通过这一审查。

这一安全性评估按照《生物技术食物的风险分析基本原则》对转基因食物进行逐案检查。目的在于确定转基因食物是否同常规的相应食物具有可比性，而非认定转基因食物是否绝对安全。

开发方必须提供充分的有质量保障的原始实验数据证据，这些证据将同科学文献、其他应用和政府机构以及可公开获得的相关信息一并进行评估。

一旦通过转基因食物安全性评估和审查程序，该食物将被列入《使用基因技术生产的食品标准 1.5.2》，并可在澳大利亚进行销售以及用于制作其他食物。

7.3.3　转基因作物实验区相关规定和要求

基因技术监管机构有权依据《基因技术法》（2000）进行许可，允许基因作物的有限、受控的释放。许可的原则目标是，使许可持有人在严格监管下对早期研究进行实地测试，目的在于减少转基因生物或转基因物质进入环境和商业食物、饲料供应的风险。

这项法案要求采取一些措施以严格限制转基因生物的传播和持续性、遗传物质进入环境以及将实地实验限制在一定的空间、地点和持续期间内。其他立法控制包括转基因生物或其遗传物质的特殊处理办法、数据搜集要求、交易进行的地理区域限制和对实务准则和技术、程序指南的遵守。

目前，监管机构已经向多个领域的转基因作物小型实地实验发放了许可，包括香蕉、甘蔗、大麦、菠萝、木瓜和小麦。目前最突出的并受到严格隔离控制的是转基因小麦实验，目的在于防止潜在的转基因小麦基因转移、传播和持续以及向环境释放新的基因。为了确保满足许可要求，监管机构通常会对实验进行积极检查。

7.3.4　转基因生物内容标识义务和对不履行／不严格内容标识的处罚

依据《食品标准法典使用基因技术生产食品标准 1.5.2》，经包装的转基因食物必须在其标签上随食物名称、原料或加工助剂一并标明"转基因"。

特殊情况下，还要求有其他标识，例如，转基因食物包含可导致过敏反应的物质。在每种原料非故意含有不超过 1% 的转基因食物时，不适用特别标识要求。

以上标识要求不适用于动物饲料，这主要由行业管理并最终由各州和领地负责监管。

《食物标准法典》，包括标识，由澳大利亚各州和领地食品监管部门（政府部门、州机关或地方政府）通过制定相关违法行为和处罚措施的具体食品立法进行监管。

食品标识由澳大利亚消费者保护法律通过禁止假冒、误导性和具欺骗性行为来监管，监管实施由澳大利亚竞争和消费者委员会以及州、领地澳大利亚消费者法律监管机构共同执行。

7.3.5　近期典型案例

Marsh 诉 Baxter 是澳大利亚最高院近期一个得到全球广泛关注的案例，也是第一个此类法律诉讼。

一个持有有机认证的农场主对其邻居提起侵权诉讼，以其邻居种植并收获合法转基因菜籽油作物的过失导致该农场主损害为由提出经济损害赔偿请求。

这位有机农场主诉称，邻居农场中转基因植物物质和种子导致了其农场被吊销 70% 的有机认证。同时，有机农夫并不种植菜籽油。认证机构国家可持续农业协会（NASAA，National Association for Sustainable Agriculture，Australia）以农夫土地可能会产生不能被接受的污染风险为由，撤销了农夫的认证以及销售作物和牲畜时使用 NASAA 标识的合同权利。

法院驳回了这一起诉。法院认为，实际的损失是由 NASAA 对标准的错误适用（特别是 NASSA 未能认可和区别适用操作方的故意或疏忽大意与明显的外来入侵）造成的，该机构撤销认证不存在充分理由，且完全是过度反应。

NASAA 的标准要求对产品进行评估，以判断是否受到污染。本案中，不存在确定或可信的产品污染风险或转基因作物和有机作物之间的基因转移。

法院强调了目前流行的对仅请求赔偿经济损害的过失之诉所持的谨慎态度。特别是考虑到大规模农场耕作的现实，法院认为，没有任何理由支持将现有法律显著且繁重的注意义务扩张适用于本案中的有机农场主。

妨害侵权之诉要求法院在作出不利于农场主的判决时平衡多项因素，包括：

- 邻居耕作行为的合法性，包括作为杂草管理工具时转基因菜籽油的使用和包裹。
- 是否缺乏关于基因入侵的物理伤害或基因转移风险的证据。
- 同 NASAA 的合同安排是否使得有机农场主更容易产生经济损失。

这一决定在 2015 年 4 月进入上诉前就产生了一定影响。有机行业标准和认证理事会正在考虑申请允许最低程度的"有利污染"（前提是，转基因物质在最终产品中不能被测出），此前，2014 年 12 月对国家标准加入 0.9％误差的转基因物质的申请不予批准。NASAA 提出将对这一流程进行复查。

7.4　动物进口和基因专利

7.4.1　动物和基因资源进口/出口控制措施

澳大利亚对动物和动物产品进口的整个系统非常合理，但比较复杂。立法上，主要有《检疫法》（1908）（澳大利亚联邦法院法）和《检疫宣告法》（1998）。活动物进口需要得到进口许可，而动物部分（包括动物繁殖物质）进口一般也同样需要得到进口许可。

在决定是否授予进口许可时，检疫部门负责人需要对商品进行进口风险分析。这类分析将决定该商品是否被允许进口，以及若允许，需要适用哪些许可条件。这一分析被澳大利亚认为是"合理程度的保护"，现在的表述是"提供高度的卫生和动植物检疫保护，旨在将风险降至非常低的程度，而非完全无风险"。

活动物和动物繁殖物质的出口受《出口控制法》（1982）（澳大利亚联邦法

院法）的规范。这类出口需要获得出口许可。《（动物）出口控制令》（2004）（澳大利亚联邦法院法）规定了获得出口许可的各种条件（活动物出口许可条件较动物繁殖物质出口更为繁重）。

7.4.2　牲畜基因隔离和净化专利申请的法律规定

《专利法》（1990）（澳大利亚联邦法院法）并未明确排除基因在澳大利亚可以申请专利。然而，"人类及其生物进程"不包括在可申请专利的范围内。

在基因专利主体满足专利法中的"生产方式"测试时，该基因可被授予专利。

关于专利值得注意的两个问题：

- **显著性和创新性**

基因可以成为专利的主体。为获得有效的标准专利保护，牲畜基因同样需要满足显著性和创新性的标准。考虑到多代和动物育种的缓慢过程，这类要求可能成为实践中获得畜牧基因专利保护的显著阻碍。

- **创新专利**

创新专利系统提供了相对短期的专利保护，而申请程序更为便捷，并且，相对于标准专利，采用较低的创新性标准。其中，动物、植物和生物工艺被明确排除适用于创新专利。因此，转基因或杂交动物也不适用于创新专利。然而，动物基因有可能适用于创新专利，原因在于，这一程序的专利性排除并不适用于微生物工艺创新或这类工艺的产品创新。

7.4.3　保护动物育种技术诀窍和相应动物细胞核的法律工具

- **专利**

在获得保护新的、具创新性的牲畜基因专利时，专利权人将获得利用（包括制作、租用、销售、进口或使用）该基因物质的独占权利，无论是否可以为合法使用的任何目的（包括繁殖）。

目前，尚未解决将保护延伸至未来任何后续后代处理的问题。若育种者对一项动物品种（凭借拥有覆盖必要基因序列的专利权）享有专利，专利权人对后代享有潜在权利，包括由同不具备受专利保护基因的动物杂交产生的后代。

考虑与此相关的不确定性，最好在提供经专利保护的基因物质或含有此类基因的动物时，通过合同方式确定将来后代问题的处理。

- **保密信息**

育种者期望保密的技术诀窍可以得到违反保密原则这一衡平原则的保护。当关于育种和基因特质的信息本质上是保密的并且仅能在保密的基础上进行传达时，若其他人从育种者处获得这类保密信息并在未经授权的情形下为获得商业利益使用该保密信息，育种者有权享有衡平法上的救济。然而，这一救济措施的明显阻碍在于，提出救济申请的一方必须充分定义保密信息并证明对方违法使用保密信息有多大可能性。

育种者可以采取的措施包括：保存良好的育种信息记录、限制取得保密信息以及在与其分享有价值的育种信息各方的合同中设立保密条款。保密条款需要明确定义受保护信息的内容，并限制信息的使用和将来的披露，这样可以给育种者提起合同违约的诉由和按照衡平法原则提起诉讼的理由。

• **财产法**

基于对动物的所有权，所有权人有权排除任何其他人对动物的使用，因而能够通过控制动物的接触途径来控制育种的技术诀窍和后代。然而，由于基因和育种系本身并不构成有形财产，因此，不受财产法保护。

• **对于新品种/物种引入、特定动物种类育种或特定育种做法的法律限制**

澳大利亚严格的检疫法在全国范围内限制进口。此外，《海关（限制进口）规定》（1956）（澳大利亚联邦法院法）对特定狗类育种进口有绝对限制。

部分州有关于对牲畜人工配种（通常包括人工授精）的相关规定。具体规定涉及：

• 人工配种进行的场所。

• 执行人工配种的主体。

• 牲畜和育种物质的控制（主要关注疾病预防）。

• 检查和记录保存。

在昆士兰州，关于牲畜人工配种的相关程序可由《牲畜法》（1915）（昆士兰州）进行规范。但没有现行有效的规定。

依据《牲畜法》（1997）（南澳大利亚州）和《牲畜规定》（2013）（南澳大利亚州），南澳大利亚存在人工育种许可制度。

在西澳大利亚，《牲畜人工育种法》（1965）（西澳大利亚州）已被废止。

在2011年前，塔斯马尼亚州的《动物饲养（注册）法》（1994）（塔斯马尼亚州）规范特定"外来"羊品种的育种，但目前该规定仅为一个自律准则。《动物健康法》（1995）（塔斯马尼亚州）对进行人工繁殖的人及人工繁殖地点的许可作出了规定。

维多利亚州的《牲畜疾病控制法》（1994）（维多利亚州）和《牲畜疾病控制规定》（2006）（维多利亚州）一般情况下并不适用，仅适用于由总督宣布需要得到监管的牲畜种类。对于相关牲畜或牲畜种类，任何被用于获取精子和进行人工配种的场所都需要获得许可。基因物质只能从经环境和初级产业部部长批准的公畜获得，并且不得在认为其有疾病的情况下进行出售。

在新南威尔士州，依据《非本地动物法》（1987）（新南威尔士州）和《非本地动物规定》（2012）（新南威尔士州），部分非本地动物的所有人必须在获得许可的前提下进行进口、保存动物或将其用于和其他物种的繁殖。

根据以上法律制度的规定，南澳大利亚州、塔斯马尼亚州、西澳大利亚州和维多利亚州还设立了相应的记录保存或检查程序。

第八章 中国赴澳大利亚投资案例分析

中国赴澳大利亚投资从收购矿山资源开始，逐步扩展至房地产、农业、食品等领域。

2015年8月底，澳大利亚外资审查委员会（FIRB）最新发布的数据显示，2013—2014年，中国首次成为澳第一大海外投资来源国，中国投资者对澳投资高达277亿澳元，超过美国投资者的175亿澳元。其中超过40%（约124亿澳元）的投资进入了澳房地产市场。

澳大利亚统计局（ABS）的数据还显示，中国大陆投资者在澳大利亚资产海外买家排行榜上位列第七位，中国香港位列第四位。

2015年8月初，澳大利亚外交贸易部《2014年度贸易结构》（Composition of Trade）报告显示，2014年，中国仍是澳大利亚最大的贸易伙伴，双边贸易总额增长23%，达1 529亿澳元。日本、美国紧随其后，分列澳第二、第三大贸易伙伴，双边贸易总额分别为703亿和604亿澳元。

从上述中国对澳直接投资数据看，中国资本投资澳洲正热。

CGGT选取4个中国赴澳投资案例予以分析，其中有问题探讨，有方法示范，有经验总结，旨在通过案例剖析得失，供中国投资者参考借鉴。

8.1 案例一 山东如意收购库比农场引发争议

8.1.1 收购背景

澳大利亚既是农业大国，又是农业强国，技术水平较高，生产要素集中，具有较强的国际竞争力。但这种大规模农业生产模式需要较大规模的投资，而澳大利亚资金并不充裕，因此澳中在农业投资合作上更多是形成优势互补，这也导致越来越多的中国企业开始赴澳对农业进行投资。

库比农场（Cubbie Group）是澳大利亚最大的私营灌溉企业，在昆士兰州南部大规模经营棉花种植和水利业务，占地9.6万公顷，拥有众多集约型灌溉设备及一个巨型水坝。但由于负债过多，加上多年的干旱及低迷的棉花收益，库比农场在2009年就进入破产托管模式。

库比农场估值约4亿澳元，累计债务超过3.2亿澳元，澳大利亚政府一直希望将库比农场收归国有，但因所需资金规模过大、一直无法协调各方利益而失败。

托管库比农场的 McGrathNicol 公司于 2011 年 3 月通过高盛到中国市场寻找潜在买家。此后，中国纺织业巨头山东如意集团开始与库比农场接触。山东如意已在深交所上市，日本伊藤忠商株式会社拥有其 30％的股权。

2012 年 8 月 31 日，澳大利亚时任财长斯万发布公告，有条件批准山东如意集团与澳大利亚羊毛加工企业兰皮尔（Lempriere）公司共同收购库比农场。当年 10 月 12 日，McGrathNicol 公司发布公告称交易正式完成。此次交易金额为 2.3 亿澳元。

8.1.2　争议焦点

由于库比农场的棉花产量占澳大利亚全国产量的比例达 10％，并持有全澳最大的用水执照，又属于格外敏感的农业，因此本案社会影响巨大。澳国家党参议员乔伊斯多次表示将库比农场出售给中国企业是澳大利亚农业利益的沦陷，并建议将农场分块出售给澳公民，以保障澳大利亚农民的利益。

由于争议巨大，以至于澳国会"农村与地区事务及运输委员会"要求澳大利亚投资审批委员会（FIRB）主席威尔森就此案接受质询，回应议员们对澳国家利益可能受损的担忧。

斯万的财长公告及威尔森接受国会质询时的发言，都反复强调山东如意集团的中日合资企业身份——虽然它曾经是一家国有企业。事实上，中国企业赴澳投资的准入风险仍主要集中在国有企业上。

此外，威尔森在接受国会质询时还强调，山东如意在澳已经有过成功的投资经验，被投资资产运营良好，这也使得 FIRB 更加相信山东如意将基于商业利益，妥善管理库比农场。

按照斯万公布的有条件批准方案，收购成功后，山东如意将持有库比农场 80％的股份，Lempriere 公司将持股 20％。但斯万也提出要求，山东如意集团必须在 3 年内将控股权缩减到 51％以下，由 Lempriere 负责管理农场经营和国际市场营销。

山东如意和 Lempriere 公司承诺将多余的灌溉用水通过水交易市场进行分配，并为现有全体员工按现有雇佣条件保留工作机会。这些承诺都旨在消除外界的顾虑——虽然澳保守党及当地民众仍心有疑虑，但至少这些承诺成功地使澳政府批准了这一投资申请。

8.1.3　案件启示：三点建议

这一项目经过三次向澳大利亚政府申请，历时近 2 年终获批准，成为澳大利亚有史以来最大的、也是最优惠的由国外企业收购的农业资产项目，同时也是第一个由中国企业主导收购的项目。

本次收购成功后，如意集团不仅获得了稳定的、高品质的棉花来源，还将在澳大利亚棉花生产和出口定价上赢得主动。

但本案的经历以及相关争议也给赴澳投资的中国企业提供了一些经验。

第一，建议采用建立合资企业的方式进行投资。以澳大利亚为例，在澳建立合资企业，再通过合资企业对澳大利亚企业或矿产等资产进行投资，这本身就是 FIRB 鼓励的一种投资方式，不仅更易于通过市场准入审查，也有助于中资企业更加深入实地了解发达国家的市场、法律与政治环境。

第二，建议寻求国际专业投资银行、咨询公司和律师事务所的服务。一方面利用它们的独立性对目标资产进行考察与审计，另一方面也要善于利用其多年参与国际投资，与东道国政府和企业打交道积累下来的宝贵经验，同时，还能降低法律合规的风险。

第三，建议在当地聘请或组建专业公关团队，应对社会及媒体公关需求。中国企业，特别是中国国有企业赴发达国家投资，往往成为媒体及社会团体追逐的焦点。尤其是资源与农业行业，由于其关系到环境保护和食品安全等重大议题，在当地媒体、社团组织与 NGO（非政府组织）的"围追堵截"下，一点负面消息都可能造成极大的舆论压力，从而对外资审查机构的决策产生影响。

因此，在实际上，这些条件都是与 FIRB 及澳财政部一贯坚持的原则相一致的。中国企业"走出去"应该做好充分的准备，应对东道国政府方面可能提出的各种条件，结合各方面情况，在商业利益第一的原则指导下快速做出反应，及时调整投资策略。

值得一提的是，在澳大利亚历史上，即使是英国、美国、日本等老牌资本主义国家，在大规模进入当地投资时，也曾引发澳大利亚外资审查制度的相应调整，并受到澳社会舆论的抵触。如今，美欧日等发达国家在澳大利亚的投资已司空见惯，几乎不会在媒体或社会舆论中激起丝毫涟漪。

这种变化，与上述国家企业掌握在澳投资的审查制度与规则，并在追求投资收益的同时积极融入澳大利亚社会，为其做出经济和社会贡献是密不可分的。这些经验值得中国企业进入发达国家市场时借鉴，只有这样，中国企业"走出去"的步伐才会越来越稳健。

8.2 案例二 天齐锂业借力资本市场实现"蛇吞象"

8.2.1 第一步：拦截式收购

2012 年 8 月 23 日，竞争对手、美国洛克伍德公司宣布全面收购泰利森普通股股权，这对天齐锂业而言无异于一场晴天霹雳。

洛克伍德公司想收购的泰利森，是一家在加拿大多伦多证券交易所上市的澳大利亚公司，其拥有世界上正在开采的、储量最大、品质最好的锂辉石矿——西澳州格林布什锂矿，是全球最大固体锂矿拥有者及供应商，并拥有全球锂资源约31％的市场份额，供应了中国国内约80％的锂精矿。

此前，天齐锂业生产所需的几乎全部锂精矿原料均来自于泰利森，如果泰利森被洛克伍德收购，包括天齐锂业在内的国内锂矿加工企业都将带着镣铐跳舞。

为确保公司原材料供应安全，并基于阻止措施突然性、融资便利、监管部门审核及信息披露等多方面因素，天齐锂业控股股东成都天齐实业（集团）有限公司决定，首先以天齐集团境外子公司在多伦多证券市场实施拦截式收购。

天齐集团通过其在香港设立的全资子公司天齐集团香港，以及在澳大利亚设立的全资子公司文菲尔德采用二级市场收购及场外交易等方式对泰利森的股权进行收购，到2012年11月中旬，这两家公司共合法持有泰利森19.99％的普通股股份，对洛克伍德继续收购泰利森设置了障碍。

2012年12月6日，文菲尔德与泰利森董事会签署了《协议安排实施协议》，以每股现金价格7.5加元收购泰利森余下的80.01％的普通股股权。同年12月12日，泰利森公告终止其与洛克伍德签署的《协议安排实施协议》。

由于收购泰利森全部股权的对价高达人民币50多亿元，而截止到2012年年底天齐集团总资产仅30多亿元。因此，天齐集团必须通过引入财务投资人、银行过桥贷款等多种方式，解决收购资金问题。

经努力，天齐集团成功引入中国投资有限责任公司之全资子公司立德投资有限责任公司，对文菲尔德增资2.7亿澳元。

在经过澳大利亚联邦法院两次听证、泰利森股东大会审议程序后，2013年3月26日，《协议安排实施协议》付诸实施，泰利森全部股份由天齐集团联合中投完成收购，泰利森自多伦多证券交易所退市。

文菲尔德拥有泰利森100％的权益，天齐集团通过天齐集团香港持有文菲尔德65％，中投通过立德持有另外35％的权益。

2013年6月，天齐锂业拟通过非公开发行股票募集资金总额不超过人民币40亿元，并通过其在香港设立的全资子公司"天齐锂业香港"向天齐集团购买其全资子公司天齐集团香港持有的文菲尔德65％的股权，交易价格约为37亿元人民币。

8.2.2　第二步：股权重整

基于锂矿资源国际市场环境变化及泰利森的良好资源，洛克伍德愿意溢价收购泰利森的部分股份。

2013 年 11 月，洛克伍德通过其全资子公司 RT 锂业有限公司以 5.24 亿美元受让了天齐集团香港和立德分别持有的文菲尔德 14％和 35％的股权，天齐集团通过天齐集团香港仍持有文菲尔德 51％的股权，立德完全退出文菲尔德。

2013 年 12 月，天齐锂业修订其非公开发行股票预案，向天齐集团购买其通过全资子公司天齐集团香港拥有的文菲尔德 51％的股权，募集资金总额也调整为不超过 33 亿元人民币，交易价格约为 30 亿元。

2014 年 2 月，天齐锂业实施了非公开发行股票，募集资金净额约为 30 亿元人民币。同年 5 月，天齐锂业将收购主体由天齐锂业香港变更为天齐锂业香港在英国设立的全资子公司 Tianqi UK LIMITED（简称"天齐锂业英国"）。2014 年 5 月 28 日，天齐锂业通过天齐锂业英国完成对文菲尔德 51％股权的收购。

本次交易完成后，天齐锂业通过天齐锂业英国持有文菲尔德 51％的股权，文菲尔德持有泰利森 100％的股权，天齐锂业实现了对泰利森的控股。

8.2.3 战术总结：交易方案和融资手段创新

本次交易有两点值得称道的地方：交易方案创新；采取多种融资手段，特别是借力跨境资本市场。

首先，本次交易采用由上市公司的控股股东通过"拦截式"收购先行实施，其存在商业考虑及法律考虑两个主要因素。

在商业上，泰利森的固体锂矿资源禀赋冠绝全球，天齐锂业董事长蒋卫平自 1996 年起即与泰利森开展合作，早已萌生收购泰利森的想法。

如果洛克伍德收购成功，将加剧全球锂资源产业的寡头垄断，为避免使作为上市公司的天齐锂业被竞争对手收购其唯一的原料提供商的尴尬境地，阻止洛克伍德收购在商业上势在必行。

从法律上讲，天齐锂业 2012 年年末总资产额为人民币 15.69 亿元，如果由其直接收购泰利森，根据《上市公司重大资产重组管理办法》的相关规定，收购构成借壳上市，除涉及来自中国证监会、深交所对重大资产重组的审批与监管之外，跨境收购还涉及商务部门、发改委、外汇管理部门等多个部门的审批，收购完成的时间跨度、审批流程将会大大拉长，不利于在存在国际锂业巨头兼竞争对手的洛克伍德提出收购意愿的情况下顺利完成收购。

因此，为快速决策、阻止竞争对手的收购，并保证天齐锂业最终收购成功，本次收购由上市公司的控股股东先行实施，并采取了拦截式收购。

其次，作为"蛇吞象"式收购，天齐锂业采取了多种融资手段：分阶段支付款项，并借助资本市场募资资金。

收购以前，天齐锂业总资产仅为人民币 15.69 亿元，股票市值亦仅 35 亿元，而总收购价款高达 50 多亿元。当天齐锂业公告非公开发行股票预案，将由天齐集团先行收购泰利森并注入天齐锂业之时，相关方普遍认为天齐锂业是在实施"不可能完成的任务"。

因为洛克伍德和泰利森已经签订的协议，按照其规定的 3 个月期限，只要经泰利森股东大会批准，交易就能很快完成。一家总资产仅约合 2 亿多美元的公司，不可能在 3 个月内完成所有融资、审批流程，收购比自己资产总量大几倍的公司。

本次交易在融资方式上采取了包括引入外部财务投资者、引入国际金融机构借款及过桥资金、目标公司股权质押等多种方式融资，同时，纳入上市公司的过程分两个阶段进行，最终通过上市公司在资本市场募集资金实现目的。

完成收购后，天齐锂业完善了锂产业链上游资源布局，为扩大中游基础锂产品及高端锂产品的规模奠定坚实基础，并为天齐锂业进一步向下游产业链延伸提供强大的资源储备，带来显著的协同效应。

8.3　案例三　光明收购澳企开启国际化之路

2014 年 1 月，光明食品（集团）有限公司通过旗下海外子公司玛纳森食品公司（Manassen Foods），全资收购了西澳大利亚赫克托家族有 40 年历史的乳品企业 Mundella Foods，交易金额约 5 000 万元人民币。

至此，光明食品集团完成了在澳大利亚的第二次海外并购。

8.3.1　收购玛纳森打造大平台

Mundella 是西澳最知名的乳业品牌之一，创立于 1972 年，主要产品包括奶酪、酸奶等。作为区域性品牌，其产品主要辐射范围在西澳地区。

光明食品集团新闻发言人潘建军没有透露 Mundella 的财务状况，但他在接受媒体采访时表示，由于这家企业是由玛纳森食品收购的，因此虽然属于乳业，也不会放入光明乳业。

本次收购值得注意的一点是，全资收购 Mundella 的玛纳森食品是光明 2011 年收购的，当年 8 月，双方签署战略合作协议，光明以 5.3 亿澳元收购玛纳森 75% 的股权。这是光明在澳大利亚的首度大手笔投资，也是光明迈出国际化战略的关键一步。

澳大利亚玛纳森食品集团成立于 1953 年，其主营业务涵盖零售渠道、餐饮服务、加工业务及出口业务，在澳大利亚、新西兰拥有 9 个食品加工工厂，5 个分销中心，以及全球 28 个国家拥有 75 个主要供应商和物流系统。

这一收购实现了两家公司主营业务的优势互补和构造协同效应。光明利用在中国的销售渠道和网络分销可以为玛纳森的产品进入中国市场提供便利，同时，依托玛纳森在澳洲网络渠道的优势，光明可以将优质产品和品牌引进到澳大利亚市场。据了解，玛纳森旗下产品甜橙通过光明的渠道已实现了一亿元的收入。

目前，光明已经启动玛纳森食品的海外上市计划，计划于年内在中国香港上市，并且光明也表示，希望其海外收购的资产能够海外上市。按照光明食品集团副总裁葛俊杰的说法，上市完成后，光明将通过玛纳森构架大平台进行全球布局，收购 Mundella 似乎提前印证了这一点。

8.3.2 国际化和证券化并行

早在 2008 年，光明食品集团就启动了海外并购战略，从 2010 年开始，其开始运用资本和整合业务，对旗下乳业业务的战略进行布局，先后成功实施 7 次海外并购，在澳大利亚、新西兰、英国、法国、捷克、意大利、以色列等 7 个国家设有企业。

2010 年 11 月，光明并购了新西兰新莱特，成为中国乳业史上第一次海外并购。此后陆续并购澳大利亚玛纳森、英国维多麦、法国品牌葡萄酒经销商 DIVA 波尔多等，最近完成的一笔交易发生在 2015 年 3 月，光明并购了以色列最大的乳品企业特鲁瓦公司。

分析光明的国际化区域布局可以发现，其以欧洲、澳洲为重点打造了一幅国际化大蓝图。这些区域的选择侧重点有所不同，有些是从市场角度，有些是从资源角度，还有些是出于对渠道的考虑。光明食品集团董事长吕永杰此前就曾表示，收购玛纳森最初主要是看重对方在当地的渠道优势。

吕永杰为光明的国际化战略总结了"五项基本原则"：第一，符合战略。并购或合作对象的产业要符合光明的发展战略；第二，协同效应。在产业或资本上产生协同，光明在国内的企业如果在业务上有与其相同的，可以与国外并购企业在资产上进行整合，甚至在国外上市；第三，风险可控。在收购或并购之前进行充分地评估，认为风险可控才会出手；第四，团队优秀。在并购之前，对企业管理团队进行考量，其管理团队须是优秀的、可以留下来的，并购之后，可以用光明的机制来对并购企业进行契约化管理；第五，价格合理。

吕永杰透露，下一步，光明将继续稳步推进国际化战略，加大全球资源整合，提升核心主业的能级。布局的区域重点是澳洲、欧洲和东南亚，产业重点是食品资源、网络以及中国市场有需求的品牌食品。"过去 30 年中国是世界的制造工厂，未来我们希望能够逐步实现'中国品牌全球制造'。"葛俊杰说。

伴随国际化脚步的同时，推进经营资本和产业资本的融合是光明的战略目标。现在光明在并购企业的时候，一个重要的衡量标准，就是看企业在收购或并购之后，能否通过两年左右的时间实现上市，完成证券化转化。

目前，光明食品集团已完成了旗下新西兰新莱特乳业在新西兰的成功上市，又接连推动澳大利亚玛纳森开展上市辅导、英国维多麦战略股权重组、以色列特鲁瓦被光明乳业委托管理。光明形成了一套完整的、涵盖融资—收购—整合—证券化全过程的海外收购模式。此举将释放光明食品集团在海外收购上的财务风险，并通过海外资产证券化降低集团整体的杠杆比率，减少对集团自有资金的依赖。

按照光明食品集团的规划，利用 3～5 年左右的时间，将集团打造成为上海 5～8 家本土化的跨国企业集团之一，跨国化指数从 2014 年的 12％提升至25％以上，经营性资产证券化率从不足 20％提升至 50％以上，混合经济企业比重从 50％提升到 80％以上。

在光明正在收购的西班牙最大的食品分销企业——米盖尔公司的项目中，光明采取了联合作战方式，除了光明食品集团将持股 72％以外，还包括其余两家收购方。借此，光明实现了增量资产的混合所有制。

不久前公布的数据显示，2015 年上半年，光明食品集团的营业收入增幅超过 17％，净利润增幅超过了 22％，这其中很重要的一个原因是得益于光明的国际化，今年以来，其海外业务的毛利率高出整个集团的平均毛利率 6 个百分点以上。

8.4 案例四 中粮收购塔利糖业完善产业链

历时 3 个月后，2011 年 7 月，中粮集团正式将澳大利亚塔利（Tully）糖业纳入麾下。此次收购是中国企业第二次涉足澳大利亚原糖加工企业，在此之前的 2010 年年初，光明集团曾出资 16.8 亿澳元收购澳大利亚第一大糖商——澳大利亚西斯尔公司（CSR）旗下糖业和可再生能源业务，但最终败于新加坡风丰益国际集团。

8.4.1 收购战：场内、场外双管齐下

2011 年，面对国内糖产量和消费量的巨大缺口，中粮集团决定收购澳大利亚塔利糖业公司，以掌握需进口的资源。

塔利糖业成立于 1925 年 11 月，位于澳大利亚昆士兰州，从事甘蔗种植与加工。大约有 325 多家农场为塔利糖果糖加工厂提供甘蔗。该糖加工厂一年产出 26 万吨原糖，约占澳大利亚原糖总产量的 5.6％，其产品全部出口国外。

此次收购中，中粮集团的竞争对手为全球四大粮商中的两家——邦吉集团

和路易达孚集团。中粮集团作为最早提出要约收购塔利糖业的公司，起初的出价每股 41 澳元。邦吉最初的报价也是每股 41 澳元。

但在 2011 年 5 月 18 日，塔利糖业股东大会当天，邦吉重提了报价，将每股报价提高到 42 澳元。到了 5 月 23 日，中粮集团提交标书补充材料，将收购报价提升为每股 43 澳元。次日，邦吉也将收购价提高到每股 43 澳元。

之后，中粮和邦吉出价都紧咬对方，竞购价格胶着。相比之下，路易达孚报价为每股 41 澳元，但却开出了优厚条件，同意提供至多 1.02 亿澳元的债务融资。

为了增加收购胜算，中粮集团采取了一些"场外"措施：例如，中粮集团积极与塔利糖业相关股东进行沟通和磋商，鼓励他们与中粮签订"竞标前协议"。按照协议，他们将不再接受其他企业标书，而中粮集团则承诺会提出更好的报价，至少不低于每股 43 澳元。

另外，时任中粮集团总裁的于旭波于 2011 年 6 月初带团对澳大利亚进行考察。期间，先后拜会了澳大利亚农业部部长、西澳农业部部长、昆州经济创新与发展局副局长、昆士兰州联邦议员、全国甘蔗种植者协会主席，为推进收购塔利糖业的成功而努力，同时表达了希望与澳大利亚加强农业领域的合作意愿。

种种努力终于结出了"硕果"。2011 年 7 月 4 日，邦吉公司宣布退出收购，并将手中持有的塔利糖业公司股份卖给中粮集团。2011 年 7 月 19 日，中粮集团宣布，以每股 44 澳元的价格，收购塔利糖业公司 99% 的股份，成为塔利糖业的实际拥有者。中粮为此付出约 1.35 亿澳元的代价。

2011 年 10 月，国家发改委核准中粮集团收购塔利糖业项目。

8.4.2 战略目标达成：铺路糖业王国

资料显示，中国是全球第四大糖生产国和第三大糖消费国。中粮集团是国内最大的食糖进口贸易商，年进口食糖占中国进口食糖总量的 50% 以上，具有广泛的国际、国内客户资源和网络渠道，在食糖贸易领域具有较强的竞争优势。

中粮集团糖类业务由其 A 股上市子公司中粮屯河运营，而中粮屯河在新疆拥有 2.67 万公顷甜菜基地，旗下 9 家糖厂年制糖能力达到 45 万吨，是中国最大的甜菜糖生产商，且已与可口可乐、卡夫、伊利及蒙牛等企业建立了合作关系。

中粮集团的上述收购行为大有完善产业链的意图。中投顾问分析指出，在继续推进国内全产业链布局的同时，中粮开始将目光投向国外农业上游，这是由糖业的战略地位所决定的，糖业在食品加工行业中占据至关重要的位置，掌握上游糖业，有利于推动下游食品加工业的发展。

显然中粮集团早已注意到了这点，收购塔利糖业意在为中粮屯河的"糖业王国"铺路。2011 年 10 月，中粮屯河宣布收购塔利糖业。

2013 年 3 月 14 日，中粮屯河宣布非公开发行股票事项已获得中国证监会核准。公司拟以不低于每股 4.56 元的价格发行不超过 10.47 亿股，募集资金 47.7 亿元用于收购中粮集团旗下食糖进出口业务、塔利糖业 100％股权等 7 个募投项目的建设，以及补充营运资金。

同年 4 月 12 日，中粮屯河公告称，其全资子公司中粮糖业（香港）有限公司已完成对鹏利（澳大利亚）有限公司［已更名为中粮（澳大利亚）有限公司］全资控股的塔利糖业的收购。塔利糖业成为中粮屯河的全资下属公司。

至此，中粮屯河成为中国最大的食糖贸易商以及产业链最完整的糖业上市公司，同时巩固了其原有的番茄产业链。按照中粮屯河的构想，其希望打造的是"国际优质糖业资源＋食糖进出口贸易＋国内港口食糖精炼＋国内食糖生产销售"。

8.4.3　经验总结：管控以当地团队为主

中粮屯河副总经理于作江在谈及此案的经验教训时表示，第一，澳大利亚在外国投资并购审核中特别要求，收购方优先考虑"非国有企业"。相比欧美企业，中粮集团具有天然"劣势"。因此，中国政府和企业应共同改变国外对国有企业的看法，为国有企业海外投资拓宽道路。第二，企业必须遵守东道国的法律，做到依法守法经营。第三，重视当地环境保护，建立良好的环境管理系统，规避环境风险。中粮集团控股的塔利糖业拥有完整的综合环境管理系统，在污水处理、固体废物处理等方面，处理设备良好和管理措施十分到位，在环保方面没有触及当地相关法律和规章。第四，企业应加强对员工的培训和教育，提高员工的个人素质，为企业再次海外投资增加无形筹码。第五，应加强与当地社区的交流，积极承担社会责任，积极兑现承诺，减少社会风险。

自中粮入主塔利糖业以来，积极履行了收购时对股东、蔗农做出的承诺。为了保障蔗农的甘蔗能够在短时间内压榨完成，进行资本性投入及维修技改支出，扩大产能，2014 年塔利糖业原糖产量突破历史新高。

在公司治理方面，并购后初期，中粮任命蔗农董事、中粮董事和独立董事组成董事会，由蔗农董事担任塔利糖业董事长，并顺利完成了中粮和塔利糖业两年半的过渡期。

随着融合的加深，塔利糖业董事会于 2014 年 8 月全票推选中粮董事担任董事长，形成"3＋3＋2"的平衡董事会结构，即 3 名蔗农董事、3 名中粮董事、2 名独立董事。

塔利糖业管控体现"以当地团队为主"的思想，重视发挥当地团队的作用。收购以来，中粮并未对塔利糖业管理层做任何调整，只通过派驻两位基层工作人员进入塔利糖业，协作塔利与总部之间的工作传递。

对于此次收购，有分析师认为，中粮在这种跨国竞购中保有 50％以上股份就足够了，采取与当地合资的形式效果可能更好，全资收购时，应先熟悉当地的市场环境再作抉择。但不同的声音认为，中粮取得完全控制权将消除澳糖收购案中所有不确定性因素，使得中粮能切实履行对当地甘蔗种植者、制糖行业以及社区的承诺。

第九章　给中国赴澳农业投资者的建议

从中澳投资、贸易数据看，中澳双边经济往来呈持续增长的态势，然而，由于农业和土地问题向来很敏感，涉及粮食安全、食品安全、环境安全甚至主权等敏感问题，在操作过程中容易滋生风险。这就需要投资者准确理解澳大利亚不同社会部门和党派之间的关系及运作方式，掌握与政府决策者、媒体和社区领导沟通交往以及企业形象建设的技巧和原则方法，能够为中国投资者在澳大利亚各个阶层取得更多的理解和支持。

9.1　澳大利亚当地市场对中国投资者的看法

一般而言，公众对外国投资者经常会持有矛盾或者消极的态度。

澳大利亚著名智库罗伊国际政策研究院（Lowy Institule）的最新民意调查数据表明①，2015 年，77%的澳大利亚人认为中国更多地是"一个经济伙伴"，而非"军事威胁"。

这是罗伊国际政策研究院一项持续了 7 年的民意调查研究。我们可以从 4 个维度来观察最近两年来澳大利亚民众对中国投资者的看法。

- **外国投资**

过去 7 年的调查数据体现了澳大利亚人对中国投资的谨慎态度。2014 年，大部分人（56%）认为澳大利亚政府整体允许了过多中国投资。

相较其他领域，澳大利亚人可能对中国在居民地产领域的投资有特别的不满。在 2010—2014 年的调查中，罗伊国际政策研究院发现大约 56%～57%的人认为政府允许了"过多"的中国投资进入。

2015 年，在外国投资方面（居民地产），调查结果显示 70%的被调查者认为政府在 6 个候选国家/地区中，允许"过多"中国投资进入。50%的人对来自中东的投资持有同样观点。此外，仅有少数人认为日本（47%）、俄罗斯（37%）、美国（34%）和欧洲（34%）的投资可以被认为"过多"。

- **自由贸易协定**

澳大利亚人对包括同日本、韩国和中国间的自贸协定在内的澳大利亚同各

---

① 数据来源，The 2014 Lowy Institute Poll，http：//www.lowyinstitute.org/publications/lowy-institute-poll-2014；The 2015 Lowy Institute Poll，http：//www.lowyinstitute.org/publications/lowy-institute-poll-2015。

国的协定有着不同的看法。根据 2015 年的调查结果，少于 48％的人认为这类协定对澳大利亚经济有益，30％认为对经济有害。在排除经济利益考虑的基础上，65％的人坚持认为自贸协定对澳大利亚同各国的关系是有益的。

- **经济伙伴还是军事威胁**

2014 年，澳大利亚人认为，在"澳大利亚亚洲最佳伙伴"这一问题上，相较于印度、印度尼西亚、新加坡和韩国，中国和日本地位相当，大部分人认为中国（31％）和日本（28％）是澳大利亚在亚洲最好的朋友。此前的研究表明，大部分澳大利亚人认为中国是目前为止对澳大利亚最重要的经济体。2013年，76％的人这样认为，对美国和日本有同样认识的分别占 16％和 5％。

2015 年，77％的澳大利亚人认为中国更多地是"一个经济伙伴"，而非"军事威胁"。仅有 15％的人认为中国是"军事威胁"。39％的人认为中国将在未来 20 年"可能"成为军事威胁，这一数据相比 2014 年降低了 9 个百分点。

- **对中国的好感度**

2014 年好感度调查显示，澳大利亚人对中国的好感度提高了 6 个百分点，达到 60 度，是 10 年来的最高水平。在好感度排名中（0 至 100 度），澳大利亚人对新西兰的好感度最高，有 84 度，其次是加拿大、荷兰和美国。2015年，澳大利亚人整体对中国的好感度维持在 58 度。

大部分（61％）的人依然认为 2015 年"中国意在支配亚洲"，更多人（67％）相对温和地认为"中国只是希望为中国人民创造更好的生活"。73％的人认为"随着中国影响力的增强，澳大利亚应当同中国建立更加紧密的关系"。52％的人不同意"澳大利亚应当加入部分国家限制中国影响力的行为"，这一观点在 2008 年、2010 年以及 2011 年并不是主流观点（分别为 46％，40％和 47％）。

然而，66％的人今年认为，"澳大利亚应当在抵抗中国在地区军事侵略上做更多，即使会影响两国关系"。

中国企业最近几年去澳大利亚投资，先是集中在矿业等资源领域，最近两年来在农业领域增幅明显，并且成为农业领域投资最多的国家。

澳大利亚对中国企业形象的认可度，主要体现在以下三点：

一是澳大利亚大多数民众包括媒体对中国企业去澳大利亚投资，基本还是停留在过去的印象中，对中国国有和民营企业和政府的性质不分，认为中国企业去投资，都是政府的收购行为，尤其过去在矿山等敏感领域的投资，比如中铝和力拓的收购谈判最终失败，就是由于以上不必要的担心。

二是澳大利亚人对中国企业的印象是有钱，这主要是从中国人最近几年比较大规模的去澳大利亚买房子，由于媒体的夸张渲染，把这些房价的上涨全部算在中国人炒房子的头上，这就给澳大利亚人留下了中国投资者财大气粗的印象。这个印象从上述民意调查数据中也能得到呼应。

三是澳洲民众对中国企业购买澳洲农场的做法存在消极的看法，但实际上中国目前对澳农业投资总体规模很小，并且只占在澳外国投资中很小的部分。在澳近两百年历史中，土地经常被外国投资者购买和转让，土地和农业问题向来比较敏感。

9.2　中澳商业文化差异以及应对

• 中澳商业文化交流中的差异①

澳大利亚是一个移民国家，居民的主体是来自西方的移民，但是其原住民也构成了澳大利亚居民的主要部分，因此澳大利亚的商业文化就兼具西方和东方的特质。澳洲居民绝大部分来自英国，但从外观性格来看，与美国有相似之处，但大多数澳大利亚人很反感别人把他们与美国人和英国人相提并论，而自豪地称自己是澳大利亚人，这暗示了澳大利亚商业文化和价值观的以下特性：

第一是平等主义，平等主义观念来源于移民国家所具有的人人平等、没有高低贵贱之分的理念，大家均有机会兴家立业，成功与否只取决于自身努力，所有的背景均无效，这就形成了平等的商业文化。导致员工倾向于对管理者抱怀疑态度，下级不怕挑战管理者权威，农牧场主和雇工、老板和雇员很平等，雇主对官员很友善。在工作场合，澳大利亚人穿着随便，重视语言交流，情感表达外露，乐于交换观点，很少关心别人对自己的看法，这一点与中国人低调、含蓄、内敛，重视上下级等级观念的文化理念颇有不同，在意别人对自己的评价的文化心理颇为不同。

第二个是守法守时，诚信为上。诚实是澳大利亚人的价值观，从小就在学校里接受法制教育，守法成为澳大利亚人的一个基本准则，个人情感不能超越国家和公司的条例和法规。

在商业活动中，澳大利亚人时间观念特别强，重视办事效率，有事先预约、准时赴约的习惯，澳洲商人责任感很强，注重信誉。例如，澳洲物业开发商通常边出售边广泛听取房主的意见，通过较长时间的新房展览，不断改进设计。在展销期间，即使房屋已被买走，开发商也会付租金把房租回来继续展览。以便购房者能看到样式繁多，设计各异的住宅，满足不同购房者的需求。他们不能容忍不守信用甚至欺骗行为。澳大利亚商人做生意对外报价比较接近实际价格，浮动余地不大；在与对方谈判价格时，也不愿意在讨价还价上浪费

---

① 张威，《澳大利亚商业文化价值观初探》，牡丹江师范学院商务英语系，发表于 2011 年 7 月《商场现代化》。

功夫，在采购货物时多采用招标方式。这一点是需要中国人学习的。

第三是集体主义。相对其他西方民族，澳大利亚人更重视伙伴精神和团队意识，对伙伴诚实是做人之本，这是当年丛林人留下的品格，在开拓时期，面对恶劣的环境和陌生的气候，先驱者们在劳动和征服大自然的同时结下了深厚的伙伴情谊，这种宝贵的精神正是澳大利亚人团队精神的由来。伙伴情谊作为一种民族精神曾激励澳大利亚人积极争取国家独立和国际社会的认可，它也促成了澳大利亚工会组织的兴盛发展。这导致澳大利亚人在商业上更乐于遵守群体模式，澳大利亚商业文化中的工作环境也趋于合作化，一个决定作出之前，高层领导则会与下属进行周密协商；在政治和其他社会生活中也易于接受集体观念和集体行动。所以工会在澳大利亚一直很有力量，在工会运动的基础上诞生的工党也一直很有力量。这一点与东方人集体主义价值观有相通之处。

第四是为了享受生活而努力工作的职业精神。澳大利亚商业文化以"生意"而非"关系"为导向，其交集策略是"事务型策略"而非"关系型策略"。他们在商务谈判中通常更注重当下利益的得失，而较少顾虑双方关系和长远利益。他们更重视现在而不是未来。然而，如果他们能看到工作的未来价值，即使身处逆境也表现出顽强的工作精神。这与中国人的关系文化是相区别的。

• 中澳商业谈判和交易中的差异

商业谈判和交易流程中存在的问题往往与思维方式有关，因此不易被察觉，出现矛盾时，双方可以相互容忍。例如，在商业信函里面，澳大利亚人通常采用演绎式逻辑推理，开门见山，先表明观点，然后加以阐述，分析或说明。中国商人通常倾向综合地看问题，采用归纳式逻辑推理，先把问题阐述清楚后，再表明自己的观点。

商务谈判方面，澳大利亚人大部分接受过经济和管理方面的教育，他们在谈判时有明确目标，周密计划，具体时间表，详细的可行性报告和数据等。由于中国市场经济的时间不长，中国商人以理工科背景居多，比较缺乏综合的经济和管理知识。谈判时，他们很注重对方是否有诚意，是否有实力。他们不太强调数字，但实际经验很丰富，他们的书面计划不够周密，但行动时，富有柔性，应变能力强。

在企业管理方面，澳大利亚管理人员强调按规章办事，管理人员的职责范围很清楚，人际关系相对比较简单。他们强调以自我为中心，工作之外互不干涉。由于体制上的不同，中国管理人在工作中注重人际关系，使具体情况具体对待，强调相互理解，顾全大局。

在企业目标方面，澳大利亚人十分严格。上市公司每个季度公布一次财务报表，公司一切活动都要符合股东财富最大化和盈利的目标，出现问题后，他们通常采用裁员的办法，资不抵债时则申请破产。中国的企业管理者很重视企业对社会的责任，效益不好时，他们尽可能不裁剪员工，尽可能不使企业破产。

在企业运作方面，澳大利亚人强调平等竞争，不分国界，优胜劣汰。中国人讲究感情，注重关系，有很强的民族意识。在企业家精神方面，西方企业家提倡白手起家的"海盗式"冒险精神和创业精神；中国企业家向往运筹帷幄的"领袖"风范和守业本领。

9.3 给中国农业企业赴澳大利亚投资的建议

9.3.1 风险管理体系建立

最近几年，中国企业在澳大利亚投资规模日益扩张，兼并收购规模大、影响深，加之投资领域都是矿业和农业土地等敏感的资源领域，而且走出去的收购者大多是国有大型企业，即使是民营企业的收购也有国资背景（天齐锂业收购澳矿就有中投公司的资金）等特点，使得中国投资者在澳大利亚普通民众和媒体中引起不必要的担心，再加上法律政策不熟悉、社会文化差异、行事方式过于高调、汇率风险等一系列问题，从而严重制约着中企投资步伐，这些问题不解决，将会对中国农业企业投资澳大利亚带来重大负面影响，必须着力加以解决。

鉴于以上问题，中国农业企业投资澳大利亚，一定要建立一个风险管理体系，系统应对政治风险、法律风险、文化风俗风险、媒体舆论风险、环境风险、汇兑风险、劳动雇佣风险以及食品质量风险等。

走出去智库（CCGT）建议，在公司的管理构架中成立相应部门，应对以上风险，比如一般公司应对风险的部门法律部门、公关关系部门等之外，还应该设立建立风险应急机制，在遇到重大舆论风险、食品风险和法律风险时，应启动不同层级的风险应对机制，这个体系应该由董事长或者总经理级别的公司最高管理层直接负责，配备熟悉澳大利亚法律文化和风俗的中高层管理人员负责执行。

9.3.2 市场形象建设要点

在澳大利亚做好企业市场形象建设，需要做好以下 4 个方面的工作：
- **要在澳大利亚民众中树立良好的口碑**

走入澳大利亚的农业企业要向澳大利亚政府、媒体和当地民众做自我推广，包括介绍企业背景、宗旨和运营情况。对于在比如农业土地这样的敏感经济领域经营的企业或对于其投资领域可能对经济和环境造成影响的企业，自我介绍非常重要，一定要告诉他们：我们的目的仅仅只是做生意，别无他图，我们是纯粹的企业，与政府没有关系。农业投资企业最好在澳大利亚展开调研，确定政府、媒体和民众对企业的口碑和投资行为的什么问题最关心。一旦明确了这些问题，就可以制定一套策略来加以解决。

- **树立全面的企业社会责任观**

中国农业企业不缺乏社会责任的行动和意识，但对社会责任的认识还相对狭隘，大多停留在做好事、慈善捐助层面上。中国农业企业投资澳大利亚，应加快树立全球视野下的企业社会责任观，从企业与环境、与当地社会的长期可持续发展的角度来丰富和发展自己的社会责任内涵。

- **媒体舆论的管理极为重要**

一定要与媒体和底层民众进行通常交流沟通，对于农业企业而言，在土地购买和收购兼并以及农业经营过程中，容易出现敏感问题，这时候不仅仅是一时的公关就能解决，而是要踏踏实实地负责，要赢得当地大多数底层民众和政府的支持，尤其是媒体的理解，要走进社区和村落。不能只做不说，也不能只说不做，既要做，也要主动沟通，主动宣传。要平时跟媒体主动沟通，跟他们做朋友，尤其是企业家要跟媒体做朋友，坦诚相待，赢得他们的理解支持，这一点非常关键。

- **制定清晰的公关关系战略**

中国农业企业大多是民营企业，在企业形象宣传和公关等领域投资不足，更没有足够的重视，这是由于本身基础薄弱，重视意识不够，在国内受政府庇护，新闻媒体受强力管制，但是出了国门则全然不同。

农业企业在澳大利亚经营，一定要有战略眼光，要有公关策略，要有强有力的公关风险应对团队，千万不可低估其重要性。

企业要为完善的公关策略有充足的投入，目的在于：了解政府、媒体和民众对自己的看法和提出的问题，决定企业该如何有效地解决这些问题，以赢得民众和媒体的支持和理解，尤其是出现重大的风险应对时，更需要强有力的行动，这是决定能否应对公关关系风险的关键。

9.3.3 跨文化商业交流：商业谈判能力的提高路径

- 一定要了解澳大利亚和中国的文化差异，熟悉澳大利亚人的宗教观、价值观以及风俗习惯，在充分了解的基础上，要尊重对方的以上文化特点，求同存异。
- 充分了解澳大利亚人各自地区的商务习俗、利益特点和相关禁忌。
- 在谈判过程中，一些实用性的策略和经验性的技巧也是必不可少的。
- 发挥中国文化"谦恭""儒雅"和"移情"的特点，做到让对方理解并尊重赏识中国文化。

9.3.4　人力资源管理：并购前中后的人力资源管理和人才培养路径

并购容易整合难。人力资源管理是跨境并购的战略问题，而留住被并购企业的人才更是其中的最大挑战。

要想做好海外投资的人力资源管理工作，应该从以下几个层面入手：

- 在人才策略方面，农业企业在考虑进入澳大利亚之前应详细考察研究当地的劳动力市场是什么样，企业的人员状况如何。不仅要保证国内机构的人才储备齐全，更要保证海外机构的人员齐全。企业需要以国际化的角度来安排国内和国外各个分公司的人力资源配置情况，包括劳动力的分配和劳动力的成本。

- 在农业企业进入澳大利亚的过程中，在文化整合方面，企业的领导者应该考虑到国与国之间的文化有很大的不同，在本国的管理者不能够在短期之内适应外国的风俗文化。企业高管一定准备好能够熟悉适应当地国家风俗习惯。

- 中国农业企业进入澳大利亚过程中，企业管理层应有足够的能力去胜任，可以邀请专业的咨询顾问机构提供一揽子全方位专业解决方案。其次，以企业的角度看，对于领导人的能力要求、工作价值观和时间分配上都有不同，企业需要清楚选择正确的人担任不同区域的管理人。

- 董事会每个董事都需代表整个公司的利益，大股东指定的董事，按照澳大利亚法律规定代表整个公司利益。鉴于中澳语言、文化、商业操作和管理方式的差异，中资公司的董事会中应有几位对中澳文化和公司管理都熟悉的董事，以促进交流和提高决策能力。

- 全资的中资企业可以通过设立顾问董事会来利用董事的当地经验，增加中资企业对当地环境、关系和行业背景的了解，管理属地人员。顾问董事会应由中资股东来设立，而不是由外方总经理来负责设立。

- 如何管理属地人员是战略制定和执行的核心问题。当地的管理人员经验、能力和薪酬标准通常与所管理的公司的规模和效益直接挂钩：一是领导承担责任大，全权负责下属人员的任命。人员培训、发展和后备计划是管理人员最重要的职责和考核标准之一。

- 澳大利亚工会与中国不同，与工会有关的劳工关系应请有这方面专长的人员来管理或者聘请专业中介机构进行咨询。在聘用人员的工作风格和背景调查过程中，除猎头公司的报告外还要更广泛地通过行业的人脉进行遴选。注重员工 6 个月的试用期的监管，试用期后辞退人员很难。

在人才培养方面，一定要着重员工和管理人员的国际文化素养，员工国际化的培训不可或缺。尤其要注意的是，领导与员工的培训不可混合，要分开进行。这不仅仅因为他们之间工作差别，更是因为他们在工作中接触的人不同，不同层次的交往对象，有不同的要求。更重要的是，不仅要培训他们国际化工作上的内容，更要让被培训的领导与员工在思维方式上有所改变，以未来企业的国际化方向来解决实际问题。

附件一 澳联邦农业经营行业立法/规定

澳联邦农业经营行业立法/规定

法案/规定	立法/规定目的
牲畜	
Dairy Adjustment Act 1974 1974 年《乳业调整法》	为援助财政提供乳业调整项目
Dairy Adjustment Levy Collection Regulations 2000 2000 年《乳业征税调整规范》	——为征税而限制非职业程序； ——鉴别无需征税的奶产品； ——明确征税的程序和时间； ——由征税机构或子机构向澳联邦说明无法征税事项的具体情况； ——明确征税中免开收据的程序及其限制情况； ——明确退税程序中可征税奶产品和税费的信息并协助澳联邦审计查账；明确向澳联邦收支税费的具体方式； ——允许征税中免开收据和退税要求的决定重审
Dairy Adjustment Levy Termination Act 2008 2008 年《乳业停止征税调整法》	为修改 1986 年《乳制品生产法》
Dairy Industry Adjustment Act 2000 2000 年《乳业调整法》	为援助财政而实践乳业项目
Dairy Industry Legislation Amendment Act 2002 2002 年《乳业行业立法修正案》	
Dairy Industry Service Reform Act 2003 2003 年《乳业服务重组法》	通过担保限制将澳大利亚乳业公司转型为非盈利公司
Dairy Industry Stabilization Levy（Termination of Levy）Act 1986 1986 年《乳业稳定征税法（停止征税）》	

（续）

法案/规定	立法/规定目的
牲畜	
Dairy Legislation（Transitional Provisions and Consequential Amendments）Act 1986 1986 年《乳业立法法（过渡性条款和相应修订）》	为 1986 年《乳制品生产法》和其他相关目的的法案的执行提供法条规范
Dairy Produce（Closure of Dairy Adjustment Authority）Declaration 2008 2008 年《乳制品生产申明（终止乳业调整局）》	终止乳业调整局（下属于农业、渔业和森林资产局）
Dairy Produce（Dairy Service Levy Poll）Regulations 2006 2006 年《乳制品生产规范（乳业服务人头税）规定》	明确由澳大利亚乳业有限公司进行的与乳业服务税相关的投票程序的要求
Dairy Produce Act 1986 1986 年《乳制品生产法》	提高澳大利亚乳制品生产能力
Dairy Produce Regulations 1986 1986 年《乳制品生产规定》	
Export Control（Meat and Meat Products）Orders 2005 2005 年《出口（肉制品）管制决议》	与从澳大利亚出口的肉制品相关的决议
Export Control（Animals）Order 2004 2004 年《出口（动物）管制决议》	
Export Control（Milk and Milk Products）Orders 2005 2005 年《出口（奶制品）管制决议》	与从澳大利亚出口的奶制品相关的决议
Export Control（Poultry Meat and Poultry Meat Products）Orders 2010 2010 年《出口（家禽肉类产品）管制决议》	确保出口的家禽肉类产品适合消费且满足进口国家的要求；可被追踪及召回；人性化宰杀动物；有诚信保障证明和明确的商品说明
Export Control（Rabbit and Ratite Meat）Orders 1985 1985 年《出口（兔肉和鸵鸟肉）管制决议》	

（续）

法案/规定	立法/规定目的
牲畜	
Export Control（Regional Forest Agreements）Regulations 《出口（区域性林业协议）管制规范》	从使用规格中排除硬木木材和其他未加工木材或遵循 1996 年《出口（硬木木材）管制规定》和 1996 年《出口（未加工木材）管制规定》，有特定源种植的木材除外
Export Control（Wild Game Meat and Wild Game Meat Products）Orders 2010 2010 年《出口（野生动物肉制品）管制决议》	确保出口的野生动物肉制品适合消费且满足进口国家的要求；可被追踪及召回；人性化宰杀动物；有诚信保障证明和明确的商品说明
Export Inspection and Meat Charges Collection Act 1985 1985 年《出口检验和肉类收费制度法》	为 1985 年《出口检验法（成立注册费收取）》、1985 年《出口检验法（按量收费）》、1985 年《出口检验法（服务费收取）》和 1993 年《国内肉类经营费用收取法》中所规定的肉类经营收费制度提供法条规范
Australian Animal Health Council（Live-stock Industries）Funding Act 1996 1996 年《澳大利亚动物健康基金委员会法（畜牧业）》	直接规定向澳大利亚动物健康委员会资助的法案
Australian Meat and Live-stock（Quotas）Act 1990 1990 年《澳大利亚肉类和牲畜（配额）法》	直接与为保护澳大利亚肉类和牲畜有序出口的配额制度建立相关的法案
Australian Meat and Live-stock（Quotas）Regulations 2000 2000 年《澳大利亚肉类和牲畜（配额）规定》	为该法案提供其要求或允许条件、执行该法案必要或有助条件的规范
Australian Meat and Live-stock Industry（Export Licensing）Regulations 1998 1998 年《澳大利亚肉类和牲畜（出口执照）规定》	为该法案提供其要求或允许条件、执行该法案必要或有助条件的规范
Australian Meat and Live-stock Industry（Repeals and Consequential Provisions）Act 1997 废除或修改 1997 年《澳大利亚肉类和畜牧业行业法案》的相关法条的法案	废除或修改 1997 年《澳大利亚肉类和畜牧业行业法》的相关法条的法案

（续）

法案/规定	立法/规定目的
牲畜	
Australian Meat and Livestock Industry Act 1997 1997 年《澳大利亚肉类和畜牧业行业法》	与澳大利亚肉类和畜牧业相关的法案；授权澳大利亚肉类和牲畜公司（AMLC）为保证该行业最大利益而实施和管理澳大利亚肉类和牲畜向特定市场的出口水平
Australian Meat and Live-stock Industry Regulations 1998 1998 年《澳大利亚肉类和畜牧业行业规定》	
Australian Meat and Live-stock Legislation (Consequential Amendments and Transitional Provisions) Act 1985 1985 年《澳大利亚肉类和畜牧业立法法（过渡性条款和相应修订)》	
Domestic Meat Premises Charge Act 1993 1993 年《国内肉类经营费用收取法》	向特定肉类经营收取费用
Domestic Meat Premises Charge Regulations 1993 1993 年《国内肉类经营费用收取规定》	
Export Control (Rabbit and Ratite Meat) Orders 1985 1985 年《出口（兔肉和鸵鸟肉）管制决议》	
Meat Export Charge Act 1984 1984 年《肉类出口管制法案》	对于肉制品出口的申请收取一定费用
Meat Export Charge Collection Act 1984 1984 年《肉类出口费用收取法》	为 1984 年《肉类出口管制法》中费用收取部分提供法条规范
Meat Export Charge Collection Regulations 《肉类出口费用收取规定》	
Meat Export Charge Regulations 1962 1962 年《肉类出口收费规定》	
Meat Inspection (Modification) Regulations 《肉类检验（修正）规定》	

（续）

法案/规定	立法/规定目的
牲畜	
Meat Inspection（Orders）Regulations 1984 1984 年《肉类检验（决议）规定》	
Meat Inspection Act 1983 1983 年《肉类检验法》	与由澳联邦检验的可食用肉类相关的法案
Meat Inspection Arrangements Act 1964 1964 年《肉类检验管理法》	向州地区和州肉业局与肉类检验相关的部分提供法条规范
National Cattle Disease Eradication Account Act 1991 1991 年《国家牲畜疾病防治法》	为防止消除牲畜疾病
National Residue Survey（Consequential Provisions）Act 1992 1992 年《国家残留监测（相应规定）法》	是对 1990 年《牲畜交易征税法》和 1991 年《基础行业征税与收费法》的修正，也因 1992 年《国家残留监测管理法》的执行而转移了特定资金
National Residue Survey（Customs）Levy Act 1998 1998 年《国家残留监测（关税）法》	征收国家残留监测海关税费
National Residue Survey（Excise）Levy Act 1998 1998 年《国家残留监测（消费税）法》	征收国家残留监测消费税费
National Residue Survey Administration Act 1992 1992 年《国家残留监测管理法》	建立国家残留监测储备的法案
National Residue Survey Levies Regulations（Validation and Commencement of Amendments）Act 1999 1999 年《国家残留监测征税规定（修正案的批准生效和启动）法案》	为国家残留监测向特种绵羊和羔羊交易的征税的批准生效和启动提供法律规范
Pig Industry（Transitional Provisions）Act 1986 1986 年《养猪业法（过渡性条款）》	为废除特定法案并为 1986 年《养猪业法》的施行提供过渡性条款
Pig Industry Act 2001 2001 年《养猪业法》	

（续）

法案/规定	立法/规定目的
牲畜	
Wool International Act 1993 1993 年《国际毛织品法》	为澳大利亚羊毛料生产公司提供单位股权
Wool International Amendment Act 1990 1990 年《国际毛织品修正案》	为修正 1993 年《国际毛织品法》
Wool International Amendment Act 1996 1996 年《国际毛织品修正案》	为修正 1993 年《国际毛织品法》
Wool International Amendment Act 1997 1997 年《国际毛织品修正案》	为修正 1993 年《国际毛织品法》
Wool International Amendment Act 1998 1998 年《国际毛织品修正案》	为修正 1993 年《国际毛织品法》
Wool International Amendment Act 2001 2001 年《国际毛织品修正案》	为修正 1993 年《国际毛织品法》
Wool International Privatisation Act 1999 1999 年《国际毛织品民营化法》	为民营化国际毛织品
Wool Legislation（Repeals and Consequential Provisions）Act 1993 1993 年《毛织品立法法（废除和过渡性条款）》	废除并修正毛织品及其行业的立法
Wool Services Privatisation（Miscellaneous Provisions）Regulations 2000 2000 年《毛织品服务民营化法（杂项规定）》	是依 2000 年《毛织品服务民营化法》而出台的法律规定
Wool Services Privatisation（Wool Levy Poll）Regulations 2003 2003 年《毛织品服务民营化规定（毛织品征税）》	为依据该法案 32 条进行投票设立相应要求
Wool Services Privatisation Act 2000 2000 年《毛织品服务民营化法》	将澳大利亚毛织品研究推广组织民营化
水产业	
Competition and Consumer（Industry Codes-Food and Grocery）Regulation 2015 No. 162015 第 16 号《竞争和消费（行业法规—食品）规定》	

（续）

法案/规定	立法/规定目的
水产业	
Commission for The Conservation of Southern Bluefin Tuna（Privileges and Immunities）Regulations 1996 1996 年《南方蓝鳍金枪鱼保护委员会（特权和豁免）规定》	规定南方蓝鳍金枪鱼保护委员会的效力
Fisheries（Administration）Regulations 1992 1992 年《渔业（管理）规定》	规定国家渔业委员会相关事项
Fisheries（Validation of Plans of Management）Act 2004 2004 年《渔业法（管理规划的生效）》	在 1991 年《渔业管理法》规定下，为确定、修改或废除特定管理规划的生效提供可能
Fisheries Administration Act 1991 1991 年《渔业管理法》	确保渔业资源不被过度开发
Fisheries Agreements（Payments）Act 1991 1991 年《渔业（付费）协议法》	向外国政府收取在澳大利亚捕鱼区域的费用
Fisheries Legislation Amendment Act 2007 2007 年《渔业立法修正案》	
Fisheries Legislation（Consequential Provisions）Act 1991 1991 年《渔业立法法（相应规定）》	延续采用 1952 年《渔业法》规定的技术许可和渔业执照的要求
Fisheries Legislation Amendment（New Governance Arrangements for the Australian Fisheries Management Authority and Other Matters）Act 2008 2008 年《渔业立法修正案（政府为澳大利亚渔业管理局和其他事物的新安排）》	• 修改澳大利亚渔业管理局的管理安排，使之与 2003 年乌希里评论对公司法定权限和公职人员治理的建议相一致。 • 加强 1991 年《渔业管理法》的执行条款力度。 • 加强在外国渔船触犯国际渔业管理规定的情况下采取措施的执行条款力度
Fisheries Legislation Amendment Act（No.1）1998 1998 年第 1 号《渔业立法修正案》	修正和废除相应的与渔业的立法
Fisheries Levy（Torres Strait Prawn Fishery）Regulations 1998 1998 年《渔业征税规定（托雷斯海峡明虾渔业）》	对托雷斯海峡明虾业渔业的许可的获得或续期设税

（续）

法案/规定	立法/规定目的
水产业	
Fisheries Levy Act 1984 1984 年《渔业征税法》	为支持渔业管理、增加收益，向澳大利亚渔船征税设立基本职权
Fisheries Management（Bass Strait Central Zone Scallop Fishery）Regulations 2002 2002 年《渔业管理规定（巴斯海峡中部扇贝渔业）》	对 1991 年《渔业管理法》关于巴斯海峡地区的设立特别规定
Fisheries Management（Heard Island and Mc-Donald Islands Fishery）Regulations 2002 2002 年《渔业管理规定（赫德岛和麦克唐纳群岛渔业）》	对法定捕鱼权利作出特别规定
Fisheries Management（Southern and Eastern Scalefish and Shark Fishery）Regulations 2004 2004 年《渔业管理规定（东部南部鳞鱼和鲨鱼业）》	
Fisheries Management（Southern Bluefin Tuna Fishery）Regulations 1995 1995 年《渔业管理规定（南方蓝鳍金枪鱼业）》	为完善 1995 年《南方蓝鳍金枪鱼管理规划》
Fisheries Management Act 1991 1991 年《渔业管理法》	澳大利亚渔业的基本法
Fisheries Management Regulations 1992 1992 年《渔业管理规定》	1991 年《渔业管理法》的相应法律规定
Fisheries Research and Development Corporation Regulations 1991 1991 年《渔业研究开发公司规定》	对渔业研究开发公司的成立设立规定
Fishing Levy Act 1991 1991 年《渔业征税法》	对渔业特许权征税
Fishing Levy Regulation 2014 2014 年《渔业征税规定》	该规定废除了 2013 年《渔业征税规定》并以新条款取代之。对 2014 到 2015 财政年度渔业特许权的征税种类和征税时间安排作出规定
Foreign Fishing Licences Levy Act 1991 1991 年《外国渔业许可征税法》	对特定外国渔业许可征税

（续）

法案/规定	立法/规定目的
水产业	
International Organisations（Privileges and Immunities）Act 1963 1963 年《国际组织法（特权和豁免）》	对国际组织和相应个人的特权和豁免作出规定
Macquarie Island Toothfish Fishery Management Plan 2006 2006 年《麦夸里岛洋枪鱼业管理规划》	明确澳大利亚渔业管理局须介入麦夸里岛洋枪鱼业的准入
Statutory Fishing Rights Charge Act 1991 1991 年《法定渔业授权法》	对法定渔业权利的授予征收费用
Torres Strait Finfish Fishery Management Plan 2013 2013 年《托雷斯海峡明虾渔业管理规划》	该规划将托雷斯海峡明虾渔业的管理权由内部管制修改为外部管制（形成一个配额管理制度）
Torres Strait Fisheries Act 1984 1984 年《托雷斯海峡渔业法》	为实施托雷斯海峡条约的渔业部分
Torres Strait Fisheries Logbook Instrument No. 1 《托雷斯海峡渔业法日志文书》第 1 号	将现在澳大利亚渔业管理局（AFMA）可适用的日志具体化，以记录信息满足捕鱼业多重需求
Torres Strait Fisheries Management Instrument No. 1 《托雷斯海峡渔业管理文书》第 1 号	禁止在托雷斯海峡明虾渔业地区对明虾非法捕捞、占有和带走的拖网作业，包括禁止在该地区的豁免
Torres Strait Fisheries Management Instrument No. 2 《托雷斯海峡渔业管理文书》第 2 号	禁止在过境区对明虾非法捕捞或带走
Torres Strait Fisheries Management Instrument No. 3 《托雷斯海峡渔业管理文书》第 3 号	禁止在禁渔区截流期对明虾非法捕捞或带走
Torres Strait Fisheries Management Instrument No. 4 《托雷斯海峡渔业管理文书》第 4 号	禁止用以巴布亚新几内亚岛许可的渔船带走托雷斯海峡明虾渔业管辖地区的明虾，除非该渔船有 TSPF 条约准许其行使捕捞
Torres Strait Fisheries Management Instrument No. 6（26/08/2011） 《托雷斯海峡渔业管理文书》第 6 号（26/08/2011）	禁止在托雷斯海峡渔业区带走珊瑚和生物石

（续）

法案/规定	立法/规定目的
水产业	
Torres Strait Fisheries Management Instrument No. 7（26/08/2011） 《托雷斯海峡渔业管理文书》第 7 号（26/08/2011）	明确规定中包含翼蛤属种，且珍珠贝在该属种范围内应受到适合的管理保护
Torres Strait Fisheries Management Instrument No. 8（26/08/2011） 《托雷斯海峡渔业管理文书》第 8 号（26/08/2011）	撤除对活长须鲸扣留的禁令，引入适用于传统渔业活动的新型净尺寸限制和引入对北美豹型/方形尾巴珊瑚鳟鱼的最大尺寸限制
Torres Strait Fisheries Management Instrument No. 9（26/08/2011） 《托雷斯海峡渔业管理文书》第 9 号（26/08/2011）	延长对捕捞、带走和占有热带岩龙虾禁令的免除
Torres Strait Fisheries Management Notice No. 82（19/05/2008） 《托雷斯海峡渔业管理文书》第 10 号（19/05/2008）	在托雷斯海峡明虾渔业对减少兼捕渔获物设备的使用设立要求
Torres Strait Fisheries Regulations 1985 1985 年《托雷斯海峡渔业规定》	为补充 1984 年《托雷斯海峡渔业法》
Torres Strait Prawn Fishery Management Plan 2008 2008 年《托雷斯海峡明虾渔业管理规划》	强调现有管理制度对于提供相同制度的局限性
Export Control（Fish and Fish Products）Orders 2005 2005 年《出口（渔业制品）管制决议》	与从澳大利亚出口的渔业制品相关的决议
农作物	
Horticulture Marketing and Research and Development Services（Export Efficiency）Regulations 2002 2002 年《园艺市场和研发服务（出口效率）规定》	是基本法规。代替《澳大利亚园艺公司（出口管制）规定》，以保障进口食品达到与国内食品相同的澳大利亚食品标准

（续）

法案/规定	立法/规定目的
农作物	
Horticulture Marketing and Research and Development Services（Repeals and Consequential Provisions）Act 2000 2000 年《园艺市场和研发服务法（废除和相应协议）》	为执行《园艺市场和研发服务法》2000 的相应规定，及食品监察的方案和费用
Horticulture Marketing and Research and Development Services［Regulated Horticultural Products and Markets（Mandarins, Tangelos, Grapefruit, Lemons and Limes to the United States of America）］Order（No. 1）2002 2002 年《园艺市场和研发服务决议［规范化园艺产品和市场（向美国的橘树、橘柚树、葡萄柚、柠檬和青柠）］》（第 1 号）	
Horticulture Marketing and Research and Development Services［Regulated Horticultural Products and Markets（Oranges to all Export Markets）］Order（No. 1）2002 2002 年《园艺市场和研发服务决议［规范化园艺产品和市场（向所有市场的橘树）］》（第 1 号）	
Horticulture Marketing and Research and Development Services Act 2000 2000 年《园艺市场和研发服务法》	修改园艺行业市场和研发服务的相关法条
Horticulture Marketing and Research and Development Services Regulations 2001 2001 年《园艺市场和研发服务规定》	
Imported Food Control Act 1992 1992 年《进口食品管制法》	为监测和管理澳大利亚进口的食品制定法律
Imported Food Control Regulations 1993 1993 年《进口食品管制规定》	对食品管制、监测机制和收费设立规定
Coarse Grains Levy（Consequential Provisions）Act 1992 1992 年《谷粒征税法（相关协议）》	因 1992 年《谷粒征税法》的实行，对废除特定法案和修改 1991 年《基础行业征税法》实行保留条款

（续）

法案/规定	立法/规定目的
农作物	
Plant Breeder's Rights Act 1994 1994 年《种植者权利法》	保障种植者的财产权利
Plant Breeder's Rights Regulations 1994 1994 年《种植者权利规定》	根据 1994 年《种植者权利法》而设立的规定
Plant Health Australia（Plant Industries）Funding Act 2002 2002 年《澳大利亚种植（种植业）健康基金法》	为澳大利亚植物健康有限公司（PHA）收取相应合理费用和税，以实现 PHA 植物行业成员的年贡献义务
Sugar Research and Development Services Act 2013 2013 年《糖类研发服务法》	本法规定公司： （a）（在合同条件下）收取澳大利亚联邦糖类研发基金； （b）宣告作为澳大利亚糖类产业的行业服务主体； 本法还要求行业服务主体遵守国家部长因紧急情况而下发的指示
Sugar Research and Development Services（Consequential Amendments and Transitional Provisions）Act 2013 2013 年《糖类研发服务法（相应修订和过渡性协议）》	为实行 2013 年《糖类研发服务法》的相关事项和过渡性事宜而设立的规定
Sugar Research and Development Services（Consequential Amendments-Excise）Act 2013 2013 年《糖类研发服务法（相应修订—实行）》	与对甘蔗征税相关的法律
Wheat Export Accreditation Scheme 2008 2008 年《小麦出口鉴定方案》	授权出口者散装整批出口小麦
Wheat Export Marketing Amendment Act 2012 2012 年《小麦出口市场修正案》	
Wheat Tax Regulations（Validation）Act 1987 1987 年《小麦税收规定（生效）》	将最近根据 1957 年《小麦征税法》而出台的规定生效

（续）

法案/规定	立法/规定目的
葡萄酒	
Australian Grape and Wine Authority Act 2013 2013 年《澳大利亚葡萄酒局法案》	建立澳大利亚葡萄酒局的法案
Australian Grape and Wine Authority Regulations 1981 1981 年《澳大利亚葡萄酒局规定》	与 2013 年《澳大利亚葡萄酒局法》相配套的规定
Wine Export Charge（Consequential Amendments）Act 1997 1997 年《葡萄酒出口收费法（相应修订）》	
Wine Grapes Levy Amendment Act 1980 1980 年《酿酒葡萄征税修正案》	
Wine Grapes Levy Amendment Act 1986 1986 年《酿酒葡萄征税修正案》	
Wine Research Repeal Act 1986 1986 年《葡萄酒研究废止法》	废除关于葡萄酒研究的特定法律
A New Tax System（Wine Equalisation Tax Imposition-Customs）Act 1999 1999 年《新税收制度法（葡萄酒均衡税收—关税）》	为实行新税收制度而根据《葡萄酒税收法》征收关税
A New Tax System（Wine Equalisation Tax Imposition-Excise）Act 1999 1999 年《新税收制度法（葡萄酒均衡税收—消费税）》	设立葡萄酒均衡税，与消费税同税率，即 29％
A New Tax System（Wine Equalisation Tax Imposition-General）Act 1999 1999 年《新税收制度法（葡萄酒均衡税收—总体）》	向葡萄酒征收除关税和消费税以外的税
A New Tax System（Wine Equalisation Tax）Act 1999 1999 年《新税收制度法（葡萄酒均衡税收）》	设立葡萄酒均衡税以避免非正常的价格下降

（续）

法案/规定	立法/规定目的
葡萄酒	
A New Tax System（Wine Equalisation Tax）Regulations 2000 2000 年《新税收制度规定（葡萄酒均衡税收）》	为 1999 年《新税收制度规定（葡萄酒均衡税收）法》提供相关规定
其他	
Agricultural and Veterinary Chemical Products（Collection of Levy）Act 1994 1994 年农业和兽医化学产品（征收）法案	提供农业和兽医化学产品的征收和其他相关用途
Agricultural and Veterinary Chemical Products（Collection of Levy）Regulations 1995 1995 年农业和兽医化学产品（征收）法案	
Agricultural and Veterinary Chemical Products Levy Imposition（Customs）Act 1994 1994 年农业和兽医化学产品征收（关税）法案	以 1994 年农业和兽医化学产品（征收）法案为标准征税（限于关税）
Agricultural and Veterinary Chemical Products Levy Imposition（Excise）Act 1994 1994 年农业和兽医化学产品征收（消费税）法案	以 1994 年农业和兽医化学产品（征收）法案为标准征税（限于消费税）
Agricultural and Veterinary Chemical Products Levy Imposition（General）Act 1994 1994 年农业和兽医化学产品征收（普通）法案	以 1994 年农业和兽医化学产品（征收）法案为标准征税（只要不是关说或消费税）
Agricultural and Veterinary Chemicals（Administration）Act 1992 1992 年农业和兽医化学产品（行政）法案	设立农业和兽医化学产品的监管机构，和其他相关用途
Agricultural and Veterinary Chemicals（Administration）Regulations 1995 1995 年农业和兽医化学产品（行政）法案	

（续）

法案/规定	立法/规定目的
其他	
Agricultural and Veterinary Chemicals (Consequential Amendments) Act 1994 1994 年农业和兽医化学产品（重要修订）法案	1992 年《农业和兽医化学产品（行政）法案》和 1968 年《著作权法案》
Agricultural and Veterinary Chemicals Act 1994 1994 年农业和兽医化学产品法案	为政府的某些区域制定关于评估、注册和管理农业和兽医化学产品法律法规，以及其他相关用途
Agricultural and Veterinary Chemicals Code Act 1994 1994 年农业和兽医化学产品规则法案	农业和兽医化学产品规则主要规定了化学产品的注册、批准活性成分和商标的批准。NRA 最重要的评判标准包括公共健康、职业健康和安全、环境、产品性能和商业贸易
Agricultural and Veterinary Chemicals Legislation Amendment (Removing Re-approval and Re-registration) Act 2014 2014 年农业和兽医化学产品法律修正案（删除重新批准和重新注册）	修订农业和兽医化学产品相关的法律，及其他用途
Agricultural and Veterinary Chemicals Legislation Amendment Act 2003 2003 年农业和兽医化学药品法律修正案	修订农业和兽医化学产品相关的法律
Agricultural and Veterinary Chemicals Legislation Amendment Act 2013 2013 年农业和兽医化学产品法律修正案	修订农业和兽医化学产品相关的法律
Agricultural and Veterinary Chemicals Regulations 1999 1999 年农业和兽医化学产品法规	
Agriculture, Fisheries and Forestry Legislation Amendment (Export Control) Act 2004 2004 年农业，渔业和林业法律（出口管制）修正案	修订 1997 年《澳大利亚肉类和家畜行业法案》和 1982 年《出口管制法》以及其他相关用途
Agriculture, Fisheries and Forestry Legislation Amendment Act (No. 1) 2004 2004 年农业，渔业和林业法律修正案（1 号）	修订农业、渔业和林业相关法律，以及相关用途

（续）

法案/规定	立法/规定目的
其他	
Competition and Consumer（Industry Codes-Food and Grocery）Regulation 2015 No. 16 2015 年竞争和消费者（行业法条——食品和蔬菜）法规（第 16 号）	向《食品和蔬菜法规》提供一个自主的行业（食品和蔬菜）规则： • 帮助管理蔬菜供应链的商业行为准则和建立和维持信任与合作； • 确保蔬菜供应行业的商业交易透明度和确定性，另外，降低因双方应交易条款的不确定性而产生纠纷的可能性； • 提供一个有效、公平和合理的纠纷解决程序，用来提起和调查投诉以及解决零售商/批发商和供货商之间的纠纷；并且推广和支持零售商/批发商和供货商之间商业交易的诚信
United Nations Food and Agriculture Organization Act 1944 1944 年联合国食品及农业组织法案	批准"承认联合国食品及农业组织宪法"和其他用途
Export Control（Eggs and Egg Products）Orders 2005 2005 年出口管制规定（鸡蛋和鸡蛋产品）	澳大利亚鸡蛋和鸡蛋产品出口相关规定
Export Control（Fees）Orders 2001 2001 年出口管制规定（费用）	
Export Control（Hardwood Wood Chips）Regulations 1996 1996 年出口管制规则（阔叶木木片）	提供一个颁发出口阔叶木木片许可证的系统
Export Control（Orders）Regulations 1982 1982 年出口管制（令）规定	
Export Control（Organic Produce Certification）Orders 出口管制令（有机生产证书）	确保标有"有机""生物动力""生态"和其他相似的词语的出口产品名副其实
Export Control（Plants and Plant Products）Order 2011 2011 年出口管制规定（植物和植物产品）	管理 1982 年《出口管制法案》规定的出口植物和植物产品当中需要检疫或需要其他证书的产品，并具体列出出口的条件/限制
Export Control（Unprocessed Wood）Regulations 出口管制规定（未加工木材）	

（续）

法案/规定	立法/规定目的
其他	
Export Control Act 1982 1982 年出口管制法案	一个管理澳洲出口的法案
Export Inspection（Establishment Registration Charges）Act 1985 1985 年出口检验法案（设立注册费用）	收取与注册出口相关费用
Export Inspection（Establishment Registration Charges）Regulations 1985 1985 年出口检验规则（设立注册费用）	
Export Inspection（Quantity Charge）Act 1985 1985 年出口检验法案（数量费用）	收取检验特定出口商品的费用
Export Inspection（Quantity Charge）Regulations 1985 1985 年出口检验规则（数量费用）	
Export Inspection（Service Charge）Act 1985 1985 年出口检验法案（服务费用）	收取特定检验出口商品服务的费用
Export Inspection（Service Charge）Regulations 出口检验规则（服务费用）	
Farm Household Support（Consequential and Transitional Provisions）Act 2014 2014 年农户支持法案（重要和过渡条款）	向农民和其合作伙伴提供财务帮助的法案和其他相关用途
Farm Household Support（Consequential and Transitional Provisions）Act 2014 2014 年农户支持法案（重要和过渡条款）	解决因 2014 年《农户支出法案》产生的重要和过渡问题的法案和其他相关用途
Farm Household Support Amendment（Additional Drought Assistance Measures）Act 2008 2008 年农户支持修正案（附加干旱援助措施）	修订 1992 年《农户支持法案》和其他目的
Farm Household Support Amendment Act 2000 2000 年农户支持修正案	

（续）

法案/规定	立法/规定目的
其他	
Farm Household Support Amendment Act 2004 2004 年农户支持修正案	
Farm Household Support Regulations 1993 1993 年农户支持规则 Farm Household Support（Consequential and Transitional Provisions）Act 2014 2014 年农户支持法案（重要和过渡条款）	于 2013 年 7 月 1 日由 2014 年《农户支持法案（重要和过渡条款)》取代
Horticulture Marketing and Research and Development Services（Export Efficiency）Regulations 2002 2002 年园艺营销和研发服务（出口效率）规则	
Horticulture Marketing and Research and Development Services Act 2000 2000 年园艺营销和研发服务法案	修订园艺行业的营销和研发服务条款及其他相关目的

附件二　昆士兰州农业经营行业立法/规定

昆士兰农业经营行业立法/规定

法案/规定	立法/规定目的
牲畜	
Animal Care and Protection Act 2001（i） 2001 年《动物关爱和保护法》（i）	宣传动物关爱和使用，保护动物免受残害以及其他目的
Animal Care and Protection Regulation 2012 2012 年《动物关爱和保护规定》	
Cattle Stealing Prevention Act 1853（iv） 1865 年《预防家畜偷窃法》（iv）	预防对家畜的偷窃行为
Chicken Meat Industry Committee Act 1976 1976 年《鸡肉行业委员会法》	维持鸡肉行业稳定，建立行业委员会及增强行业沟通联络
Chicken Meat Industry Committee Regulation 2012 2012 年《鸡肉行业委员会规定》	明确法案相关特定费用
Stock Act 1915（i） 1915 年《家畜法》（i）	整合及修订家畜疾病相关法律
Stock（Cattle Tick）Notice 2005 2005 年《家畜（牛蜱）通知》	防止牛蜱的传播
Stock Identification Regulation 2005 2005 年《家畜识别规定》	执行国家牲畜识别追溯系统，以在疾病暴发的情形下对家畜进行追踪
Land Protection（Pest and Stock Route Management）Regulation 2003 2003 年《土地保护（害虫和家畜路径管理）规定》	

（续）

法案/规定	立法/规定目的
水产业	
Fisheries Act 1994（i） 1994 年《渔业法》（i）	确保州渔业资源以生态可持续性的方式管理和利用，以及方便鱼类栖息地管理和商业、休闲性以及本地渔民能平等获取资源
Fisheries Regulation 2008 2008 年《渔业规定》	提供对昆士兰州渔业资源进行有效管理和利用的细致框架，其目标与 1994《渔业法》一致
Fisheries（Asian Bag Mussel）Disease Declaration 2007 2007 年《渔业（东亚壳菜蛤）病害声明》	明确东亚壳菜蛤是一种病害
Fisheries（Coral Reef Fin Fish）Management Plan 2010 2010 年《渔业（珊瑚礁鳍鱼）管理计划》	通过应用和平衡生态可持续性发展原则和该原则的发展，对商业、娱乐渔业（包括商业捕鱼旅游）和本地捕鱼的管理，促进珊瑚礁鳍鱼群体资源的使用、保护和优化
Fisheries（Coral Reef Fin Fish）Quota Declaration 2015 2015 年《渔业（珊瑚礁鳍鱼）配额声明》	
Fisheries（East Coast Trawl）Management Plan 2010 2010 年《渔业（东海岸拖网）管理计划》	（a）对州拖网渔业进行最优、可持续、对社区有利的管理； （b）确保拖网渔业资源以生态可持续的方式使用； （c）确保渔业生态系统的可持续性； （d）提供经济可行，具备生态可持续性的拖网渔业； （e）确保如下人群在可持续地平等获取渔业资源： 　　（i）商业渔民； 　　（ii）休闲渔民； 　　（iii）托雷斯海峡岛渔民； 　　（iv）其他渔业资源使用者
Fisheries（Spanner Crab Fishery）Quota Declaration 2015 2015 年《渔业（扳手蟹渔业）配额声明》	

（续）

法案/规定	立法/规定目的
水产业	
Torres Strait Fisheries Act 1984（i） 1984 年《托雷斯海峡渔业法》（i）	促进渔业秩序、管理和发展以及福利，对渔业资源进行保护、保存和管理，在托雷斯海峡地区执行《托雷斯海峡条约》以及其他目的
农作物	
Plant Protection Act 1989（i） 1989 年《植物保护法》（i）	防止、控制和排除植物虫害以及其他目的
Plant Protection Regulation 2002 2002 年《植物保护规定》	明确植物特定症状相关生物体、病毒、类病毒、失调、条件和原因，建立特定虫害防护办法并设立处理特定虫害的相应机制
Plant Protection（Approved Sugarcane Varieties）Declaration 2003 2003 年《植物保护（经认可的甘蔗变种）声明》	明确特定虫害防疫区域经认可甘蔗变种的种植和结根培植规定
Plant Protection（Cucumber Green Mottle Mosaic—Pest Declaration）Notice 2014 2014 年《植物保护（黄瓜绿斑花叶病虫害声明）通知》	明确黄瓜绿斑花叶病为法案第 4（2）节所述虫害
Plant Protection（Cucumber Green Mottle Mosaic）Quarantine Notice 2014 2014 年《植物保护（黄瓜绿斑花叶病虫害声明）防疫通知》	明确整个昆士兰州都是植物保护黄瓜绿斑花叶病害虫防疫区域
Sugar Industry Act 1999（i） 1999 年《糖业法》（i）	促进建立在可持续生产基础上、面向出口的糖业的国际竞争力提升，以造福于行业及更广泛群体的参与者
Sugar Industry Regulation 2010 2010 年《糖业规定》	
葡萄酒	
Wine Industry Act 1994（iv） 1994 年《葡萄酒行业法》（iv）	支持昆士兰州葡萄酒业的发展，激发行业旅游业潜力的最优开发

（续）

法案/规定	立法/规定目的
葡萄酒	
Wine Industry Regulation 2009 2009 年《葡萄酒行业规定》	配合 1994 年《葡萄酒行业法》的规定
其他	
Agricultural and Veterinary Chemicals (Queensland) Act 1994 (i) 1994 年《农业和兽医化学药品（昆士兰）法》(i)	为适用联邦农业和兽医化学药品相关法律以及其他目的
Agriculture and Forestry Legislation Amendment Act 2013 2013 年《农业和林业立法修正案》	修订 1966 年《农业化学药品配送管制法》、1994 年《农业标准法》、2001 年《动物关爱和保护法》、2008 年《动物管理（猫狗）法》、1959 年《林业法》、2002 年《土地保护（害虫和家畜路径管理）法》、1994 年《农村和地区调整法》和 1936 年《兽医法》以及其他目的
Agricultural Chemicals Distribution Control Act 1966 (i) 1966 年《农业化学药品配送管制法》(i)	为管制农业化学药品通过飞机和地面设备的配送以及其他目的
Agricultural Chemicals Distribution Control Regulation 1998 1998 年《农业化学药品配送管制规定》	
Agricultural Standards Act 1994 (i) 1994 年《农业标准法》(i)	明确农业标准的设立和其他农业事务
Agricultural Standards Regulation 1997 1997 年《农业标准规定》	
Queensland Agricultural Training Colleges Act 2005 (i) 2005 年《昆士兰农业培训学院法》(i)	为建立昆士兰州农业培训学院和农业学院以及其他目的
Queensland Industry Participation Policy Act 2011 (ii) 2011 年《昆士兰行业参与政策法》(ii)	为昆士兰州提供地方行业参与发展和执行规定，并要求就政策执行和政府部门以及将级指挥官的遵守情况对议会汇报
Royal National Agricultural and Industrial Association of Queensland Act 1971 (ii) 1971 年《昆士兰皇家国家农业和行业协会法》(ii)	为设立昆士兰皇家国家农业和行业协会以及其他目的

（续）

法案/规定	立法/规定目的
其他	
Royal National Agricultural and Industrial Association of Queensland Regulation 2010 2010 年《昆士兰皇家国家农业和行业协会规定》	
Biosecurity Act 2014（i） 2014 年《生物安全法》 （i）	为给动物、植物疾病以及害虫管理提供全面的生物安全框架，废除 1994 年《农业标准法》、1982 年《蜂场法》、1975 年《木材疾病法》、1981 年《动物外来疾病法》、1989 年《植物保护法》和 1915 年《家畜法》，修订 1988 年《化学药品使用（农业和兽医）管制法》、1994 年《渔业法》和 2002 年《土地保护（害虫和家畜路径管理）法》，并对附件 4 中的法案进行部分相应修订
Exhibited Animals Act 2015 No. 5 2015 年《展示动物法》（第 5 号）	修订部分 2014 年《生物安全法》的内容
Exotic Diseases in Animals Act 1981（i） 1981 年《动物外来疾病法》（i）	为动物外来疾病的控制、根除和预防，对因外来疾病暴发对动物所有损失的赔偿、外来疾病支出和赔偿基金的建立作出规定以及其他目的
Exotic Diseases in Animals Regulation 1998 1998 年《动物外来疾病规定》	明确法案中特定动物产品和外来疾病以及法案相关命令、检察院和赔偿的规定
Food Act 2006（iii） 2006 年《食物法》（iii）	明确食物处理和出售相关规定，以确保食物安全和适用性，确立食物标准以及其他目的
Food Regulation 2006 2006 年《食物规定》	（a）明确移动食物场所的许可展示细节； （b）特定非营利组织销售食品规定； （c）特定食物； （d）污染物； （e）需要经食物安全计划认可的多种食物经营
Food Production（Safety）Act 2000（i） 2000 年《食品生产（安全）法》（i）	建立昆士兰州食物安全生产组织，并明确初级生产相关食物安全事务以及其他目的
Food Production（Safety）Regulation 2014 2014 年《食品生产（安全）规定》	
Brands Regulation 2012 2012 年《品牌规定》	

（续）

法案/规定	立法/规定目的
其他	
Food Production（Safety）Act 2000 No. 45 2000 年《食品生产（安全）法》（第 45 号）	
Food Production（Safety）Regulation 2013 No. 197 2013 年《食品生产（安全）规定》（第 197 号）	
Stock Regulation 1988 1988 年《家畜规定》	
Land Protection（Pest and Stock Route Management）Act 2002（i）（ii—to extent that it is relevant to Stock Route Management） 2002 年《土地保护（虫害和家畜路径管理）法》（i）（ii—与家畜路径管理相关的部分）	特定土地虫害和家畜网络管理以及其他目的
Land Protection（Pest and Stock Route Management）Regulation 2003 2003 年《土地保护（虫害和家畜管理）规定》	
Pest Management Regulation 2003 2003 年《虫害管理规定》	法案相关虫害管理和熏蒸活性的细节规定
Biodiscovery Act 2004（v） 2004 年《生物发现法》（v）	为生物发现获取和使用本州生物资源以及其他目的
Biological Control Act 1987（i） 1987 年《生物管制法》（i）	为昆士兰州虫害生物防治以及其他目的
Chemical Usage（Agricultural and Veterinary）Control Act 1988（i） 1988 年《化学物品使用（农业和兽医）管制法》（i）	为管制特定化学物品及其残留物质的使用以及其他目的
Chemical Usage（Agricultural and Veterinary）Control Regulation 1999 1999 年《化学物品使用（农业和兽医）管制规定》	配合 1988 年《化学物品使用（农业和兽医）管制法》（i）作出规定
Rural and Regional Adjustment Act 1994（i） 1994 年《农村和地区调整法》（i）	为农村和地区生产商和特定小型商业的支持机构的建立以及其他目的

（续）

法案/规定	立法/规定目的
其他	
Rural and Regional Adjustment Regulation 2011 2011 年《农村和地区调整规定》	
Sustainable Planning Act 2009（vii—except to the extent administered by the Minister for Housing and Public Works）（v—Chapter 7，Part 2） 2009 年《可持续计划法》（vii—除住房和公共工程部长负责管理的部分）（v—第 7 章第 2 部分）	（a）管理开发程序，包括确保过程的可信、有效和高效且能提供可持续性结果的； （b）管理开发对环境的影响，包括场所使用的管理； （c）维持计划在地方、地区和州层面的协调和统一
Sustainable Planning Regulation 2009 2009 年《可持续计划规定》	
Vegetation Management Act 1999（ii） 1999 年《植被管理法》 （ii）	对植被清除作出管理
Vegetation Management Regulation 2012 2012 年《植被管理规定》	
Soil Conservation Act 1986（ii） 1986 年《土壤保护法》	整合和修订土地资源保护相关法律，促进土地所有人为缓解土壤侵蚀相关土地保护措施的实施
Soil Survey Act 1929（ii） 1929 年《土壤调查法》（ii）	对特定经授权的以在州里进行土壤调查为目的的主体进入作出规定
水资源	
Water Act 2000（ii）（vi） 2000 年《水法》（ii）（vi）	明确水资源和其他资源的可持续管理，以及水资源机关的建立和运行以及其他目的
Water Regulation 2002 2002 年《水规定》	
Water（Commonwealth Powers）Act 2008（ii） 2008 年《水（联邦权利）法》（ii）	转移了部分水资源管理事务至联邦议会，废除了《达令河盆地法》1996 并依据特定目的对 1994 年《土地法》、1994 年《土地业权法》、2000 年《水法》和特定水资源计划作出修订
Water Efficiency Labelling and Standards Act 2005（vi） 2005 年《水效标签和标准法》（vi）	提供水效标签和水效标准的制订以及其他目的

（续）

法案/规定	立法/规定目的
水资源	
Water Supply（Safety and Reliability） Act 2008（vi） 2008 年《水供应（安全和可靠性）法》（vi）	
Water Supply（Safety and Reliability） Regulation 2011 2011 年《水供应（安全和可靠性）规定》	

鸣谢机构：

《澳大利亚农业投资法律指南》编制团队

中国农业国际交流协会（China Agricultural Association for International Exchange）旨在农业领域积极推动中国和世界各国（地区）在贸易、投资、科技、人力、信息等方面的民间交流与合作，增进相互间的了解和友谊，为农业对外合作和农业农村经济发展服务，更好地为我国"三农"建设而贡献力量。

走出去智库诞生于全球化背景下的中国企业"走出去"和国家"一带一路"的海外战略需求，定位于中国企业境外投资并购实务，由国内和国际一流的专业机构——投行、法律、会计、估值、风险管理、银行、人力资源、品牌传播、数据机构 9 大类机构或境外投资/并购团队共同发起与合作，在全球范围内约 200 个国家/地区拥有专业资源，为企业境外投资并购提供一揽子解决方案。

特别致谢：

走出去智库专业机构/专业团队合作伙伴

法　　律——中国、欧洲、北美洲、澳大利亚、亚洲、非洲、中东、拉美等地区领先的律师事务所专业团队

投　　行——中信证券境外投资并购团队
罗斯柴尔德国际投资银行
工商银行境外投资并购团队
美国华利安国际投资银行

会　　计——四大会计师事务所税务、并购、审计、工程造价及境外领先的会计师专业团队

资产评估——道衡美评（全球最大的跨国评估咨询机构）

风险管理——中怡（全球风险管理领域领先，怡安集团和中粮集团旗下）

人力资源——美世咨询（全球人力资源领域排名第一）

品牌传播——蓝色光标（亚洲公关专业领域排名第一）

其他领先专业机构

澳大利亚律师事务所 Clayton Utz（http://www.claytonutz.com/）

汤森路透旗下的 Practical Law 法律实务数据库

BMI（Business Monitor International）

本报告主要参考资料来源：

1. 中国全球投资追踪数据库（美国 Heritage/AEI 智库研究机构）（http://www.heritage.org/）

2. 世界银行、世界金融公司，《经商环境报告 2015》（World Bank、IFC，"Doing Business 2015"）（http://www.doingbusiness.org/）

3. 世界经济论坛《2014/15 全球竞争力报告》（World Economic Forum，"The Global Competitiveness Report 2014/15"）（http://reports.weforum.org/global-competitiveness-report-2014-2015/）

4. 经济合作与发展组织官方网站（OECD）（http://www.oecd.org/）

5. 透明国际"全球廉洁指数"（Transparency International，"Corruption Perceptions Index"）（http://www.transparency.org/）

6. 化险咨询《2015 风险地图报告》（Control Risks，"RiskMap Report 2015"）（https://riskmap.controlrisks.com/~/media/Microsites/Riskmap/Documents/RiskMap2015REPORT4.pdf）

7. 中国外汇交易中心官方网站（http://testwww.chinamoney.com.cn/index.html）

8. 《走出去观察》丛书，机械工业出版社出版，走出去智库主编

9. 《赴澳大利亚投资指南》，中国商务出版社 马朝旭主编，2014 年 7 月第一版

10. 境内外媒体等市场公开资料